Erotische Rezepte für Verliebte

Joëlle Mignot

Erotische Rezepte für Verliebte

Joëlle Mignot

Fotos Valéry Guedes
Styling Natacha Arnoult

CHRISTIAN VERLAG

Dieses Buch ist vor allem ein Ausflug, **ein unbeschwerter und verliebter Spaziergang durch die Landschaft der Küche,** auf dem jeder nach Lust und Laune mitkommen kann, was Abstecher zu besonders reizvollen Zielen einschließt. Kochen und sich der Liebe widmen, essen und lieben, ausprobieren und teilen – all das beinhaltet Sinnlichkeit, Raffinesse und Kreativität. Mit einem Wort: Lebenslust.

Ich möchte Sie an dem teilhaben lassen, was Männer und Frauen seit Urzeiten bewegt: das Prinzip der Lust und des Vergnügens, vom einfachsten bis zum raffiniertesten, vom geheimsten bis zum unverhülltesten. Es war mein Wunsch, eine Ecke dieses Spitzenschleiers zu lüften, um uns davontragen zu lassen von all den Geschmacksnuancen, Düften, Farben, Texturen, geschwungenen Linien und Tiefen jedes einzelnen Gerichts – so, wie man einen Körper erforscht, wie man den anderen entdeckt, wie man sich auch selbst entdecken lässt. Und im Anschluss an die Entdeckungen eine Sinnlichkeit zum Ausdruck zu bringen, die sich fortwährend erneuert, wenn das Begehren sich regt und die Lust, zu zweit und verliebt zu sein, sich mit Sinn erfüllt.

Man könnte die Rezepte anzüglich oder erotisch nennen ... doch wir ziehen es vor, sie als **Rezepte der Liebe** zu bezeichnen, weil sie in erster Linie der Liebe zu verdanken sind.

...

Liebe zum Kochen, zu guten Zutaten, Neugier auf Aromen, Freude am Erschaffen und am Weitergeben. Wenn eine Gemeinsamkeit zwischen Liebe und Küche existiert, so ist es sicher das Geben. Man gibt ein Stück von sich, etwas ganz Persönliches weiter, nach wie vor das schönste aller Geschenke. Und **wenn die Küche von Anfang an mit Liebe einhergeht,** liegt beiden dieselbe treibende Kraft zugrunde, weil sie in die Kindheit eintauchen, wo man seine frühesten Gefühle entdeckt. Die Spur der Geschmacksnuancen und Gesten begleitet uns durch das Leben und dient uns als stummer Führer auf den Wegen, die uns in unsere kulinarischen Spielereien wie in unsere Liebesspiele einführen. Die Wörter aus der Küchensprache rufen durchaus Assoziationen wach: Man kann ergreifen und aufwallen lassen, entblättern und binden, anfeuchten und verhüllen, aber auch herrichten und anmachen ... Gehen Sie über das Rezept hinaus, lassen Sie sich von Ihrer Kreativität leiten. Gehen Sie ein Wagnis ein, das Ihnen Spaß macht. **Jede Prise Gewürz, jeder Tropfen Zitronensaft, jeder in die Sahne getauchte Finger, jeder heiße Löffel mit geschmolzener Schokolade, jeder aus dem Herd dringende Duft von Apfelkuchen, jede in ihrem Saft aufgegangene Frucht bringt Sie zum Träumen und lässt Sie ganz sicher auch vom anderen träumen!**

Joëlle Mignot

Inhaltsverzeichnis

Rezepte des Begehrens …

Vorbereitungen
für den Genießer

Der Anfang. Wenn das Vorspiel für die Liebe dem entspricht, was die Vorbereitung des Gerichts für das Rezept bedeutet, so liegt das daran, dass die dazu erforderliche Zeit, die Aufeinanderfolge und die konzentrierte Aufmerksamkeit einander in beiden Fällen ähneln. Sie verknüpfen die Beziehung in ihrer erotischsten Ausprägung, da die kulinarische Vorbereitung das Vorspiel zur Vereinigung der Aromen darstellt, aus der ein gelungenes und einzigartiges Gericht hervorgeht.

In der Küche ist der Zeitablauf der Vorbereitung präzise und wohlkalkuliert, in der Liebe dagegen fließend und auf jedes Rendezvous, auf jedes Paar abgestimmt. Keine Regeln außer jenen, die jeder den Umständen entsprechend immer wieder neu festlegt: Alles entsteht aus der Inspiration des Augenblicks, man lässt sich überraschen ... und ganz allmählich in Erregung versetzen!

Keine Regel also, nur das, was sich zwischen zwei Menschen ergibt, die einander gefallen. Blicke, Gesten, Zärtlichkeiten, Küsse und Worte sind die Zutaten für diese kleinen, sehr anregenden Vorspeisen. Aber so, wie die Auswahl der Produkte für die Küche unerlässlich ist, hängt die konzentrierte Aufmerksamkeit für den anderen und für einen selbst davon ab, dass man umfassend auf den Körper, die Sinnlichkeit und die erotischen Vorspiele achtet.

Diese Grundelemente, denen ein Körnchen Verrücktheit beigemengt ist, bringen uns zum köstlichsten Gericht überhaupt! Wo das Beste noch kommt, ist keine Eile vonnöten, selbst wenn mal eine Mayonnaise dringend ein wenig schneller geschlagen werden muss! Empfangen und alles geben, sich dem anderen mit Genuss öffnen, sich ohne Ängste hingeben, sich immer weiter enthüllen ...

Von der Verführung mit dem Löffel bis zu den zarten Häppchen erwacht das Begehren und nimmt unmerklich zu – das Leben wird heller und färbt sich ... rosarot ein.

Und wie bei jedem gelungenen Rezept sollte man die Zeit der Vorbereitung nutzen, die Kochzeit einhalten und seine Zutaten mit Sorgfalt auswählen!

Verführung mit dem Löffel

Gefallen, bezaubern, verführen: alles Pforten, um zur Liebe zu gelangen ... Die Verführung hat viele Facetten, im köstlichen Beben des Rendezvous regt sie das Kostbarste an, was in uns ist. Ein Blick, eine Stimme, ein fliegender Rock, eine Pose: Geheimnisse, die uns trunken machen und uns dazu bringen können, den Kopf zu verlieren. Die Verführung kann zur Leidenschaft werden, wenn sie uns in einem Moment entflammt, in dem wir es am wenigsten erwarten. Ein schöner Augenblick, der uns dazu bringt, zu verführen und gleichzeitig verführt zu werden ... wie von einem verlockenden Teller und einem gut zubereiteten Gericht! Hier also die Verführung mit dem Löffel ... den anderen die eigenen Gaben wie einen Zaubertrank kosten und sich von der Macht der Aromen und Gewürze ergreifen lassen ...

Versenken Sie sich in seine schönen Augen: seine großen Pupillen, das ist ... Erregung. Seine Gefühle sind stark, und dieses Zeichen ist untrüglich! Sie sind ihm »ins Auge gesprungen«, und Sie machen einen verlockenden Eindruck auf ihn ... Diese unwillkürliche physiologische Reaktion wird auch von einem köstlichen Gericht ausgelöst, das einem das Wasser im Mund zusammenlaufen lässt und die Empfindsamkeit erhöht ...

Lassen Sie Ihrem natürlichen Zauber freien Lauf, nichts wird ihn leichter verführen! Legen Sie sich keine Rolle zurecht, er spürt es, wenn Sie authentisch sind, und Sie wenden alles zu Ihren Gunsten. Sie sollten bedenken, dass Sie Ihren Anteil an dem Mysterium am wenigsten steuern können.

Wenn Sie die Tomaten-Samtsuppe kosten, sollten Sie den Löffel mit der Schlagsahne langsam zum Mund führen: Er wird die Bewegung mit den Augen verfolgen ... Der Mund ist die erste Pforte der Sexualität. Es sind die oralen Wahrnehmungen, aus denen unser Begehren erwacht. Diese langsame Geste fesselt seine Aufmerksamkeit wie ein offener Blick auf Ihre intimsten Zonen ...

Verführen heißt ursprünglich »auf Abwege führen«, aber auch »lenken«. Und so wie der Verführer (oder die Verführerin) Emotionen oder Empfindungen auslöst, so wird der andere von dem verführt, was der Verführer von sich erkennen lässt und signalisiert: Ihre ein wenig zitternde Stimme, die Wimpern, die Sie niederschlagen, wenn er Sie beunruhigt, und auch diese schwache Röte auf Ihrem Hals – wie von einem inneren Feuer, das allmählich um sich greift ... Die Wahl des anderen erfolgt nie zufällig.

Eigene Erfahrungen beeinflussen und begünstigen dieses Zusammentreffen, das Ihnen womöglich unerwartet vorkommt. Sie sollten anerkennen, dass Ihr Unbewusstes Ihr bester Führer ist. Vertrauen Sie ihm!

Tomaten-Samtsuppe »Unwiderstehlich«

Für 2 Verliebte
Vorbereitung: 20 Minuten
Garzeit: 50 Minuten

Zutaten
1 rote Paprika
6 mittelgroße Tomaten
1 Zwiebel
1 Knoblauchzehe
6 Basilikumblätter

2 EL Olivenöl
Salz
Pfeffer aus der Mühle
1 TL Puderzucker
1 Prise Thymianblätter
2 TL Balsamicoessig
Saft von $\frac{1}{2}$ Zitrone
10 Tropfen Tabascosauce
100 g Sahne, gut gekühlt
   + 2 EL Sahne

- ❀ Die Paprikaschote etwa 20 Minuten lang im Backofen grillen, dabei ab und zu wenden, bis sie sich dunkel färbt. Abkühlen lassen, enthäuten, Scheidewände und Samen entfernen. Zuerst in Streifen, dann in kleine Würfel schneiden. Beiseitestellen.
- ❀ In einem Topf Wasser zum Kochen bringen und die Tomaten 30 Sekunden hineinlegen. Die Haut abziehen, die Tomaten entkernen und würfeln.
- ❀ Zwiebel und Knoblauch schälen und fein zerkleinern. Basilikum zerpflücken.
- ❀ In einer Sautierpfanne die Zwiebel 5 Minuten bei mittlerer Hitze im Olivenöl anbraten. Knoblauch und Tomaten zugeben und 5 Minuten bei mittlerer Hitze köcheln lassen, dabei gelegentlich umrühren, bis die Tomaten geschmolzen sind. Salzen und pfeffern.
- ❀ Zucker und Thymian einrühren, zudecken und 15 Minuten bei schwacher Hitze köcheln lassen.
- ❀ Paprikawürfel und Balsamicoessig zugeben, zudecken und weitere 5 Minuten köcheln lassen.
- ❀ Zitronensaft, Tabascosauce und die 2 Esslöffel Sahne einrühren. Falls nötig, die Samtsuppe bei schwacher Hitze aufwärmen.
- ❀ In der Zwischenzeit die gut gekühlte Sahne steif schlagen.
- ❀ Die Tomatensuppe in zwei hübsche Schalen schöpfen. Mit den Basilikumblättern bestreuen und zusammen mit der Schlagsahne servieren.

Säure und Schärfe stimulieren die Papillen, die sich der schaumigen Leichtigkeit der Schlagsahne widerstandslos ergeben ... Diese Samtsuppe kann bei heißem Wetter auch kalt gereicht werden; dazu in Gläser füllen und (wie einen Cappuccino) mit der Schlagsahne bedecken.

Köstliches Kürbissüppchen »Du und ich«

Für 2 Verliebte
Vorbereitung: 15 Minuten
Garzeit: 30 Minuten

Zutaten
500 g Kürbis
100 g Sahne
10 Tropfen Tabascosauce
Salz
Pfeffer aus der Mühle
6 Maronen (aus dem Glas)
10 g Butter
1 reife Avocado
$1/2$ TL Cayennepfeffer

✿ Den Kürbis schälen und in große Stücke schneiden.
✿ Die Kürbisstücke etwa 30 Minuten im Dampftopf garen (das Fruchtfleisch muss ganz weich sein), pürieren und in einen Kochtopf geben.
✿ Sahne und Tabascosauce zugeben. Salzen, pfeffern, alles gut verrühren und bei sehr schwacher Hitze warm halten.
✿ Die Maronen in Scheiben schneiden und mit der Butter in einer kleinen Pfanne anbräunen. Leicht salzen.
✿ Die Avocado schälen und in feine Spalten schneiden.
✿ Das Süppchen auf 2 Suppentassen oder tiefe Teller verteilen. Jede Portion mit den Avocadospalten und den Maronen garnieren, mit Cayennepfeffer bestauben und sofort servieren.

Das Feuer des Cayennepfeffers verbindet sich mit dem Schmelz der Avocado, dem Biss der Maronen und dem milden Kürbis.

Knusprige Überraschung mit Pilzen

Für 2 Verliebte
Vorbereitung: 10 Minuten
Garzeit: 60 Minuten

Zutaten
500 g gemischte Pilze, frisch oder
    tiefgefroren (Steinpilze, Pfifferlinge ...)
1 kleine Schalotte
2 schöne Knoblauchzehen

20 g Butter
Salz und schwarzer Pfeffer aus der Mühle
300 ml Geflügelbrühe
2 EL Sahne
100 g kleine Steinpilze (frisch oder
    tiefgefroren)
Einige Stängel glatte Petersilie
20 g Pinienkerne
1 Rolle frischer Blätterteig
1 Eigelb

✿ Die Mischpilze putzen (falls frisch) und in Stücke schneiden.

✿ Die Schalotte und 1 Knoblauchzehe schälen und zerkleinern.

✿ Die Schalotte in 10 Gramm Butter in einer Sautierpfanne bei schwacher Hitze 5 Minuten anschwitzen. Zerkleinerten Knoblauch und Mischpilze dazugeben, leicht salzen und 10–15 Minuten bei schwacher Hitze garen.

✿ Sobald die Pilze ihre Flüssigkeit abgegeben haben, Geflügelbrühe und Sahne zugeben und alles pürieren. Pfeffern und in der offenen Sautierpfanne warm halten.

✿ Den Backofen auf 210 °C vorheizen. Die Steinpilze (falls frisch) säubern. Die zweite Knoblauchzehe und die Petersilie getrennt voneinander klein hacken.

✿ Den gehackten Knoblauch in einer kleinen Pfanne in der restlichen Butter 2 Minuten bei mittlerer Hitze anbraten, darauf achten, dass er keine Farbe annimmt. Die Steinpilze dazugeben und alles 10 Minuten garen. Salzen und pfeffern.

✿ Die Pinienkerne in einer Pfanne mit Antihaftbeschichtung rösten. Beiseitestellen.

✿ Die Suppe in 2 kleine, hitzefeste Suppentassen füllen. Mit Steinpilzen, Pinienkernen und Petersilie bestreuen.

✿ Den Blätterteig auf einer Arbeitsfläche auslegen und 2 Kreise ausschneiden, deren Durchmesser ein wenig größer ist als der der Suppentassen. Jede Tasse mit einem Kreis aus Teig abdecken; am Rand gut andrücken, damit alles dicht abgeschlossen ist.

✿ Das Eigelb mit 1 Esslöffel Wasser verquirlen und die Teigfläche damit einpinseln.

✿ Die Tassen in den Ofen schieben und den Teig 15 Minuten backen. Dann die Hitze auf 180 °C reduzieren und den Teig weitere 5–10 Minuten goldbraun backen.

✿ Sofort servieren.

Vor dem Essen genügt es, die ganze Fülle der unter dem feinen und knusprigen Teig verborgenen Aromen entweichen zu lassen ...

Helle Linsensuppe mit Gänsestopfleber

Für 2 Verliebte
Vorbereitung: 10 Minuten
Garzeit: 40 Minuten

Zutaten
1 mittelgroße Zwiebel
1 kleine Knoblauchzehe
20 g Butter

1 TL gemahlener Kreuzkümmel
1 TL gemahlener Koriander
200 g helle Linsen
150 ml Geflügelbrühe
150 g Sahne
Salz und weißer Pfeffer aus der Mühle
80 g Gänsestopfleber
Einige Korianderblätter

✿ Zwiebel und Knoblauch schälen und fein hacken.
✿ Die Butter in einer Kasserolle mit schwerem Boden erhitzen und die Zwiebel darin 2–3 Minuten bei mittlerer Hitze anschmoren, ohne dass sie zu viel Farbe annimmt.
✿ Knoblauch, Kreuzkümmel und gemahlenen Koriander zugeben, alles 1 Minute anschwitzen, dabei darauf achten, dass der Knoblauch nicht anbrennt.
✿ Die Linsen dazugeben und unter Rühren 1 Minute erhitzen.
✿ Die Brühe angießen und zugedeckt 40 Minuten bei mittlerer Hitze köcheln lassen.
✿ Die Linsen mit der Kochflüssigkeit pürieren und in die Kasserolle zurückfüllen. Die Sahne unterrühren, die Suppe salzen, pfeffern und bei schwacher Hitze erwärmen.
✿ Die Gänseleber würfeln.
✿ Die Suppe in dekorative Schalen schöpfen. Die Gänseleberwürfel vorsichtig auf die sämige Suppe legen und mit Korianderblättern bestreuen.
✿ Sofort servieren.

Die Mischung aus Kreuzkümmel, Koriander und weißem Pfeffer verleiht dieser harmonisch abgestimmten Suppe eine gewisse Schärfe. Die Gänseleber, feinfühlig auf der Suppe platziert, vermittelt Verlangen ... Die Suppe bekommt einen exotischen Hauch, wenn die Sahne durch die gleiche Menge Kokosmilch ersetzt wird.

Zarte Häppchen

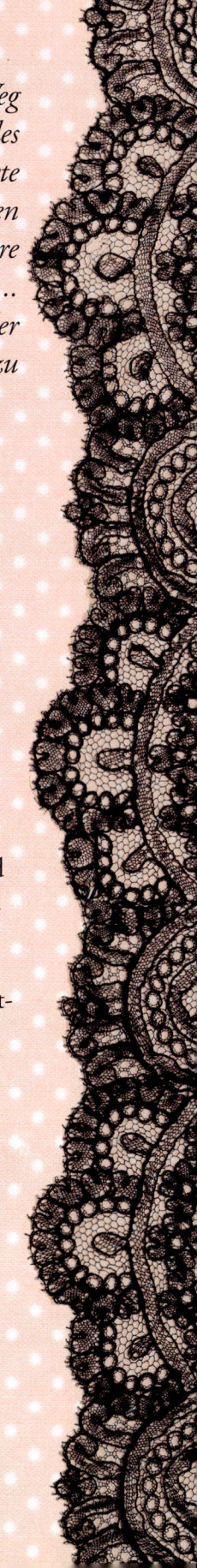

Der Mund vermittelt uns unsere ersten Kontakte mit der Welt. Der Weg von der Wahrnehmung über den Mund zur entfalteten Sexualität des Erwachsenen entwickelt sich im Laufe der ersten Lebensjahre. Als Pforte der Sinnlichkeit öffnet sich der Mund für den Kuss und den feinen Geschmack. Da die Lippen auch der Ort des Lächelns sind, weist ihre unendliche Empfindsamkeit den Weg des Begehrens und der Lust ... Mögen diese Häppchen auch mild sein, so haben sie doch mit der Erregung, mit den glühenden Anfängen der erotischen Annäherung zu tun, dem ersten Schritt zur Entdeckung, wie der andere ... schmeckt.

Wussten Sie, dass der Mund der Ort ist, an dem sich der Austausch mit der Welt vollzieht? Der Schnuller des Säuglings, die Nahrung, die Atmung, die Entdeckung der Aromen, aber auch der erste Schrei, das Lächeln und Lachen, die Sprache, der Gesang und der Kuss spielen sich hier ab.

Die Lippen schützen unsere Zähne und unsere Zunge. Der Mund ist unaufhörlich in Bewegung und enthüllt uns durch all seine Ausdrucksformen. Ob Sie also den Mund vor Staunen nicht zukriegen oder schmollen, die Lippen leicht öffnen oder aus Herzenslust zubeißen, immer sind die Lippen ein Appell an die Liebe.

Der Kuss ist der Bindestrich zwischen Herz und Körper. Er führt uns auf die ersten Beziehungen zwischen Mutter und Kind zurück. Über Millionen Jahre hinweg haben Mütter ihren Säuglingen die Nahrung vorgekaut, ehe sie sie ihnen mit den Lippen reichten.

Es heißt auch, der Kuss sei der Verdauung äußerst förderlich: Die ausgetauschten Bakterien sollen die Bildung von Enzymen anregen, die sich in natürliche Antibiotika verwandeln. Auf alle Fälle sollte man wissen, dass ein »Zungenkuss« so viel Kalorien verbrennt wie ein Wettlauf über 500 Meter ...

Wenn Sie die Entenstopfleber mit rosa Pfeffer probieren, sollten Sie sie auf der Zunge zergehen lassen ... und die Augen schließen ... Dazu können Sie ein Glas Muskat aus Beaumes-de-Venise nehmen – in kleinen Schlückchen. In Maßen genossen enthemmt dieser Wein. Aber nicht zu viel davon trinken, denn dann wirkt er genau umgekehrt ...

Hören Sie auf die Momente des Schweigens ... sie verleihen seinen Worten Bedeutung. Im erotischen Spiel führt das Unausgesprochene zu jener aufgeladenen Stimmung, die alle Hoffnungen rechtfertigt ... Halten auch Sie sich mit dem Sprechen zurück, dann treffen Ihre Worte ins Schwarze!

Zarte Entenleber mit rosa Pfefferbeeren

Für 2 Verliebte
Vorbereitung: 40 Minuten
(3 Tage im Voraus)
Garzeit: 20 Minuten

Zutaten
1 rohe Entenstopfleber (500–600 g)
20 Eiswürfel

2 EL grobes Salz
1 EL Cognac
2 TL rosa Pfefferbeeren
1 TL Quatre-épices (Viergewürz)
   oder gemahlener Piment
Salz
Schwarzer Pfeffer

- ✿ 3 Tage im Voraus die Entenleber aus dem Kühlschrank nehmen und vor der weiteren Verarbeitung für mindestens 1 Stunde bei Raumtemperatur liegen lassen.
- ✿ Die beiden Leberlappen voneinander trennen und quer in 4 Stücke schneiden.
- ✿ Mit einem kleinen scharfen Messer die zentrale Ader und möglichst viele kleine Adern entfernen. Vorsichtig arbeiten, damit nur wenig kleine Stückchen entstehen.
- ✿ Die Eiswürfel und das grobe Salz in eine mit sehr kaltem Wasser gefüllte Salatschüssel geben. Die Entenleber hineinlegen und über Nacht im Kühlschrank wässern.
- ✿ Zwei Abende vorher die Leber herausnehmen, abtropfen lassen und mit Küchenpapier trocken tupfen. Auf einen großen Teller legen und mit dem Cognac beträufeln. Die im Mörser zerstoßenen rosa Pfefferbeeren, das Viergewürz, Salz und Pfeffer zugeben und die Mischung sachte einmassieren. Die Entenleber über Nacht im Kühlschrank in den Gewürzen ziehen lassen.
- ✿ Am Vorabend den Backofen auf 150 °C vorheizen.
- ✿ Die Entenleberstücke in eine Tonterrine legen und in die ursprüngliche Form bringen, so gut es geht, anschließend gut zusammendrücken. Mit Alufolie, in die ein paar Löcher gestochen wurden, abdecken.
- ✿ Die Terrine in ein Wasserbad mit kochendem Wasser stellen, das Ganze in den Ofen schieben und 20 Minuten garen.
- ✿ Die Terrine aus dem Ofen nehmen und auf Raumtemperatur abkühlen lassen. Die Leber erneut über Nacht im Kühlschrank aufbewahren.
- ✿ Am entscheidenden Tag die Leber in ziemlich dicke Scheiben schneiden und servieren.

Ein gutes getoastetes Landbrot dazu reichen; wer es süßer mag, nimmt eine leicht geröstete Brioche mit Rosinen. Die von allen kleinen, für das Aufschneiden so hinderlichen Adern befreite und gewässerte Entenstopfleber ist zart und nicht so schwer.

Fächer aus zartem Spargel mit Parmesan

Für 2 Verliebte
Vorbereitung: 10 Minuten
Garzeit: 15 Minuten

Zutaten
12 ausgewählte Spargelstangen
50 g leicht gesalzene Butter
20 g Parmesan, frisch gerieben oder
   gehobelt
Pfeffer aus der Mühle

* ❀ Die Spargelstangen schälen; darauf achten, dass sie nicht brechen. In kaltes Wasser legen.
* ❀ Den Spargel über Dampf etwa 15 Minuten garen – die Stangen sollen zart, aber nicht weich werden. Gründlich abtropfen lassen.
* ❀ Inzwischen die Butter in einer kleinen Kasserolle langsam schmelzen lassen, bis sie aufschäumt.
* ❀ Die Spargelstangen auf dekorativen Tellern anrichten.
* ❀ Die flüssige Butter über die Spitzen gießen.
* ❀ Mit Parmesan bestreuen, pfeffern und sofort servieren.

Eine besondere Art, Spargel während der Saison zu genießen – sie unterscheidet sich auf angenehme Art von der Zubereitung mit Vinaigrette. Sie können die Spargelstangen vom unteren Ende her einschneiden, an den Einschnitten ineinanderschieben und in Form eines Fächers arrangieren. Diese raffinierte Art des Anrichtens wirkt ein wenig frech ...

Eier »Madame Cocotte«

Für 2 Verliebte
Vorbereitung: 10 Minuten
Garzeit: 20 Minuten

Zutaten
200 g Sahne
2 Döschen gemahlener Safran
Salz
Pfeffer aus der Mühle
150 g (1 kleine Dose) Krabbenfleisch in Wasser
10 g Butter für die Porzellanförmchen
4 Eier
Einige Safranfäden
2 Scheiben Landbrot
1 Knoblauchzehe

✿ Den Backofen auf 180 °C vorheizen. Ein Wasserbad vorbereiten: dafür Wasser in einem kleinen Topf zum Kochen bringen.
✿ In einer Schüssel die Sahne mit dem gemahlenen Safran vermengen, salzen und pfeffern.
✿ Das Krabbenfleisch zerpflücken.
✿ 2 kleine ofenfeste Förmchen leicht mit Butter einstreichen.
✿ Je ¼ der Safransahne auf den Boden jedes Förmchens gießen. Je 2 Eier aufschlagen und dazugeben. Salzen und pfeffern.
✿ Die Krabbenfleischstückchen auf die Förmchen verteilen, alles mit der übrigen Safransahne bedecken. Mit Safranfäden bestreuen.
✿ Die Förmchen ins Wasserbad stellen und im Ofen 20 Minuten garen.
✿ Die Brotscheiben für das Eintunken rösten und in Streifen schneiden. Mit der geschälten Knoblauchzehe einreiben.
✿ Die Eier »Madame Cocotte« zusammen mit den Brotstreifen servieren.

Ein leicht herzustellendes Gericht, bei dem es besonders viel Spaß macht, nacheinander die verschiedenen Aromen wahrzunehmen. Das feste Eiweiß und das noch flüssige Eigelb nehmen den Duft des Krabbenfleisches und des Safrans auf ... Herrlich, hier das Brot einzutunken!

Frischkäse-Rouladen »im Kräuterbett«

Für 2 Verliebte
Vorbereitung: 30 Minuten
(+ 2 Stunden im Kühlschrank)
Garzeit: keine

Zutaten
Für die Rouladen:
10 frische Minzeblätter
    + einige Blätter zum Garnieren
10 frische Basilikumblätter
    + einige Blätter zum Garnieren
200 g Ziegenfrischkäse
50 g glatter Quark
Salz

Pfeffermischung »Cinq baies«
    (5 Sorten)
10 Scheiben Bresaola (luftgetrockneter
    Rinderschinken)
Etwas Olivenöl

Für den Salat:
50 g Pinienkerne
150 g fertige Salatmischung
6 Kirschtomaten
3 EL Olivenöl
1 EL Balsamicoessig
Saft von $1/2$ Zitrone
Salz und Pfeffer aus der Mühle

❀ Für die Rouladen: Die Minze- und Basilikumblätter waschen und fein hacken.

❀ Den Ziegenkäse mit einer Gabel zerdrücken und mit dem Quark vermengen.

❀ Die gehackten Minze- und Basilikumblätter dazugeben. Leicht salzen, nach Belieben pfeffern und gründlich mischen.

❀ Auf jede Bresaolascheibe 1 guten Esslöffel der Mischung geben und diese zur Roulade wickeln.

❀ Auf jedem Teller 5 Rouladen anrichten und mit Olivenöl beträufeln. 2 Stunden im Kühlschrank ziehen lassen.

❀ Für den Salat: Die Pinienkerne in einer kleinen Pfanne mit Antihaftbeschichtung trocken anrösten.

❀ Die Salatmischung mit den Kirschtomaten und den Pinienkernen vermengen.

❀ Aus dem Öl, Essig, Zitronensaft, Salz und Pfeffer eine Vinaigrette zubereiten. Über den Salat gießen.

❀ Die Rouladen mit Minze- und Basilikumblättern garnieren und zusammen mit dem Salat servieren.

Sie können auch zum Ziegenfrischkäse Pinienkerne geben. Diese mit Kräutern servierten Rouladen kitzeln den Gaumen mit Frische und Schlichtheit. Eine Erinnerung an die ersten Liebeleien …

Der Geschmack
des Begehrens

Begehren, das heißt nach den Sternen streben ... Dieser geheimnisumwitterte Trieb, der uns zur Entdeckung des anderen drängt, entspringt aus einem flammenden und freudigen Blick oder einer Sicherheit versprechenden, männlichen Haltung. Und es geht weit über den schlichten Appetit hinaus; es unterscheidet sich vom Verlangen und vom Bedürfnis. Zunächst ist es der Lebenstrieb, der uns von Geburt an beseelt. Wenn der Körper mit ins Spiel kommt, erwacht mit Macht das sexuelle Begehren, das Lebenstrieb und Suche nach Lust ist. Die gute Küche entfacht auf wunderbare Weise dieses Begehren, das immer unvergleichlich sein wird und nur nachlässt ... um neu zu erwachen.

Liebe auf den ersten Blick? Sie trifft einen wie der Blitz, zeichnet sich durch plötzliche und heftige Leidenschaft aus, durch hinreißende Verblüffung, die sich beim ersten Anblick der geliebten Person bemerkbar macht. Im 17. Jahrhundert steht der Ausdruck »wie vom Blitz getroffen« für die Starre angesichts eines unerwarteten, meist katastrophalen Ereignisses. Im 18. Jahrhundert gab es den Ausdruck im Französischen als »coup de foudre«. Im folgenden Jahrhundert wurde er dann als Bild für die »Liebe auf den ersten Blick« populär, auch wenn diese Gefühlsbewegung seit Urzeiten existiert und die Geschichte der Liebenden begründet.

»Füßeln«: Bei Banketten berührt man sich mit den Füßen, reibt die Fesseln aneinander – Feste waren stets ein bevorzugter Ort für den Beginn heimlicher Liebschaften. Füßeln, während man sich gleichzeitig etwas Gutes einverleibt, vereint die Lust am Schmecken mit der Lust am Körper. »Schmeicheln« heißt, eine Frau mit Worten verführen zu wollen. Hier nimmt die Sprache (und damit die Zunge) einen herausragenden Rang ein; sie verbindet gutes Essen mit der Verführung, denn Schmeicheleien gibt es auch für den Gaumen.

Für das Begehren gibt es mehrere Definitionen. Suchen Sie sich die heraus, die Ihnen am meisten zusagt:
Für Platon ist das Begehren ein Mangel.
Für Aristoteles bedeutet Begehren Appetit.
Für Spinoza heißt Begehren Antrieb und Lebenskraft.
Für Freud ist es mit den ersten Befriedigungen verknüpft.

Und wenn es von allem etwas hätte? Begehren und Lust sind eng mit der Entstehung der Sexualität verbunden. Das Begehren ist der dynamische Drang, der zur Lust führt, und die Lust schürt oft das Begehren. Kompliziert wird es, wenn die beiden sich voneinander trennen: Begehren ohne Lust am Körperlichen oder Lust ohne echtes Begehren.

Sämiger Trüffelrisotto mit knusprigem Speck

Für 2 Verliebte
Vorbereitung: 5 Minuten
Garzeit: 30 Minuten

Zutaten
1 mittelgroße Zwiebel
2 EL Olivenöl
160 g italienischer Rundkornreis (Arborio)
100 ml trockener Weißwein
Salz
Pfeffer aus der Mühle
500 ml Geflügelbrühe
4 dünne Scheiben Räucherbrust, ohne Fett
20 g Trüffeln (aus dem Glas)
30 g Butter
40 g Parmesan, frisch gerieben

✿ Die Zwiebel schälen und in kleine Würfel schneiden. In einem Topf mit 1 Esslöffel Olivenöl 5 Minuten bei schwacher Hitze anschwitzen (sie soll nicht zu sehr anbräunen).

✿ Den Reis hinzugeben und etwa 3 Minuten bei schwacher Hitze unter Rühren anrösten, bis er durchsichtig wird.

✿ Mit Wein ablöschen und diesen bei mittlerer Hitze vollständig einkochen lassen (das dauert 5–7 Minuten).

✿ Salzen und pfeffern.

✿ Die Brühe angießen und den Reis 20 Minuten bei mittlerer Hitze unter ständigem Rühren köcheln lassen. Den Risotto nicht aus den Augen lassen und, falls erforderlich, 100 Milliliter Wasser zugeben.

...

❀ Inzwischen die Räucherbrustscheiben halbieren und mit 1 Esslöffel Olivenöl in einer Pfanne anbraten, bis sie knusprig sind. Warm stellen.

❀ Ist der Reis gar, die Trüffeln zugeben und kräftig unterrühren. Noch 1 Minute bei schwacher Hitze weiterkochen. Vom Herd nehmen, Butter und geriebenen Parmesan einarbeiten. Nachwürzen, falls erforderlich.

❀ Den Risotto auf schönen tiefen Tellern (möglichst vorgewärmt) anrichten und mit der knusprigen Räucherbrust belegen.

❀ Mit einer Umdrehung Pfeffer aus der Mühle würzen und heiß servieren.

Den Risotto können Sie auch mit gehobeltem Parmesan bestreuen. Für einen besonderen Abend können Sie ein paar unter der Räucherbrust versteckte Trüffelscheiben hinzufügen ... das regt die Sinne wirklich an!

»Saltimbocca« mit goldbraunen Kroketten

Für 2 Verliebte
Vorbereitung: 45 Minuten
Garzeit: 45 Minuten

Zutaten
Für die Kroketten:
2 mittelgroße mehlig kochende
    Kartoffeln
50 g Mascarpone
1 TL geriebene Muskatnuss
Salz
Pfeffer aus der Mühle
60 g Mandelblättchen

Für die »Saltimboccas«:
30 g Pistazien
20 g Butter
8 kleine, dünne Kalbsschnitzel (à 30 g)
2 EL Balsamicoessig
Saft von $1/2$ Zitrone
200 g Sahne
Salz
Pfeffer aus der Mühle

- ✿ Für die Kroketten: Die Kartoffeln schälen und etwa 30 Minuten in Salzwasser kochen. Mit einer Gabel zerdrücken.
- ✿ Die Kartoffeln mit Mascarpone, Muskatnuss, Salz und Pfeffer zu einem festen Püree vermengen.
- ✿ Die Mandeln in einer Pfanne mit Antihaftbeschichtung anrösten.
- ✿ Den Backofen auf 180 °C vorheizen.
- ✿ 6 tischtennisballgroße Kroketten formen und in den gerösteten Mandelblättchen wenden (dabei die Hände mit Wasser benetzen).
- ✿ Die Kroketten auf ein Backblech legen und mit Backpapier abdecken. Im Ofen 5 Minuten garen. Mit Alufolie bedecken und im ausgeschalteten Ofen warm stellen.
- ✿ In der Pfanne mit Antihaftbeschichtung die Pistazien schwach anrösten. Grob hacken. Die Butter in einer Pfanne erhitzen und die Schnitzel darin $2^{1}/_{2}$ Minuten auf jeder Seite bei starker Hitze anbraten. Die Saltimboccas einrollen und auf einem Teller beiseitestellen. Die heiße Pfanne mit Balsamicoessig und Zitronensaft ablöschen, die Sahne dazugeben und $2^{1}/_{2}$ Minuten bei schwacher Hitze reduzieren. Die Schnitzelröllchen in der Sauce aufwärmen.
- ✿ Mit Pistazien bestreuen. Salzen und pfeffern.
- ✿ Die »Saltimboccas« mit den Mandelkroketten anrichten und servieren.

Verfeinern Sie das Gericht mit Rosmarinzweigen. Nun können die »Saltimboccas« probiert werden ... zwischen zwei Küssen.

Rindfleischscheibchen mit Ingwer »zum Verlieben«

Für 2 Verliebte
Vorbereitung: 10 Minuten
Garzeit: 40 Minuten

Zutaten
2 mittelgroße Zwiebeln
2 Knoblauchzehen
1 EL frischer Ingwer
1 Tomate
3 EL Olivenöl
Salz
Pfeffer aus der Mühle
2 TL Currypulver
400 g Rindfleisch (Rumpsteak), in sehr dünne Scheiben geschnitten
200 ml Kokosmilch

* Zwiebeln, Knoblauch und Ingwer schälen und zerkleinern. Die Tomate schälen und würfeln. Die Zwiebeln in einer Sautierpfanne mit 1 Esslöffel Olivenöl 5 Minuten bei mittlerer Hitze anbraten. Die Tomate zugeben und alles 10 Minuten bei mittlerer Hitze kochen lassen. Salzen und pfeffern.
* Knoblauch, Curry und Ingwer einarbeiten und weitere 10–15 Minuten köcheln lassen.
* Inzwischen 2 Esslöffel Olivenöl in einer Pfanne erhitzen. Das Fleisch darin bei starker Hitze anbraten (je nach Geschmack 5–10 Minuten). Salzen und pfeffern.
* Das Rindfleisch zum Inhalt der Sautierpfanne geben und 3–4 Minuten bei schwacher Hitze köcheln lassen. Die Kokosmilch angießen und 3 Minuten bei schwacher Hitze kochen lassen.
* Abschmecken und servieren.

Richten Sie das Fleisch mit der Sauce auf Basmatireis an. Soll das Rindfleisch noch feuriger werden, können Sie eine im letzten Augenblick zerkleinerte Chilischote darüberstreuen.

Lachs mit Kammmuscheln »im Schlafrock«

Für 2 Verliebte
Vorbereitung: 10 Minuten
Garzeit: 20 Minuten

Zutaten

30 g Butter
4 Filoteigblätter (aus dem griechischen Lebensmittelgeschäft)
2 Lachsfilets (à 120 g)
100 g Kammmuscheln (frisch oder tiefgefroren)
2 EL Crème fraîche
20 g eingelegte Zitrone, fein geschnitten oder gehackt (aus dem arabischen
   Lebensmittelgeschäft)
Einige Körnchen Sichuanpfeffer
Einige frische Minzeblätter
Salz und weißer Pfeffer aus der Mühle

* Den Backofen auf 200 °C vorheizen.
* Die Butter in der Mikrowelle oder in einem kleinen Topf schmelzen.
* Die Filoteigblätter beidseitig mit der geschmolzenen Butter einpinseln (ohne die gesamte Butter zu verwenden). Jeweils 2 Blätter aufeinanderlegen. Lachs und Muscheln vorsichtig auf die Mitte der Blätter legen. Crème fraîche, zerkleinerte Zitrone, Sichuanpfeffer und Minzeblätter darauf verteilen. Leicht salzen und pfeffern.
* Die Teigränder mit der restlichen Butter einpinseln, damit sie zusammenkleben können. Die Teigblätter über dem Fisch zusammenfalten und an den Rändern gut zusammendrücken, sodass sich 2 gefüllte Päckchen ergeben. Die Teigränder umfalten, damit die Päckchen geschlossen bleiben.
* Die Oberseite der Päckchen erneut mit Butter einpinseln. Im Ofen 20 Minuten backen.
* Sofort servieren.

Mit der Nase an der Öffnung dieser »Schlafröcke« erlebt man die köstlichen und raffinierten Aromen direkt …

Wenn alles rosarot ist

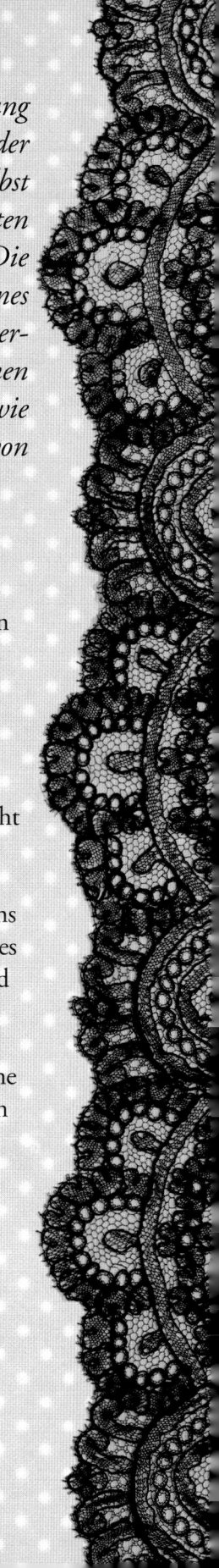

Erste Augenblicke in der Trunkenheit der Verführung. Die Verbindung scheint vollkommen, und die Illusion tut das ihre. Der andere ist der Schönste, und man findet sich in geheimsten Winkeln des eigenen Selbst wieder, von denen man nichts geahnt hatte. Es ist der Zauber der ersten Gefühle, die einen entzücken und an die Liebe glauben lassen. Die Entdeckung eines Körpers, der wie für einen gemacht ist, und eines Geistes, von dem man bis dahin nichts gewusst hat und der alles versteht. Ausleben bis zur Neige: Diese magischen Momente, in denen nichts anderes als dieses Verlangen nach dem anderen existiert – so, wie einen die unwiderstehliche Lust auf ein Dessert überkommt ... Sich von der rosaroten Wolke hypnotisieren lassen ... jetzt, auf der Stelle ...

Ziehen Sie sich die Lippen nach und er wird Lust bekommen, daran zu knabbern. Leicht geöffnet lassen die Lippen, reich an Sinnesrezeptoren, die weibliche Sexualität mit all ihren Mysterien erahnen ...

Legen Sie eine kleine rosa Rose neben seinen Teller: Der Rollentausch dürfte ihn angenehm überraschen. Die Rose signalisiert seinem Unbewussten, dass seine femininen Eigenschaften Sie berühren. Rosa ist die Farbe der Weiblichkeit, steht aber auch für Feuchtigkeit. Tautropfen (frz. »la rosée«) – ein schönes Symbol für das weibliche Geschlecht im Lusterlebnis.
Außerdem ergibt sich Rosa als Mischung aus Rot, dem Symbol der göttlichen Liebe, und Weiß, dem Symbol der Weisheit. Seine Nuancen reichen von Blassrosa über Fleischfarben, Fuchsienrosa, Pastillenrosa, Perlenrosa bis hin zu Bonbonrosa.

Ein Rosé-Champagner ist der ideale Begleiter zu den pfeffrig-würzigen Birnen. Machen Sie es wie Marilyn: Träufeln Sie sich ein paar Tropfen

Champagner ins Dekolleté ... Schauen Sie auf die im Glas aufsteigenden Bläschen – das verleiht Ihren Augen einen wunderbaren Glanz.

Champagner war am 7. Juni 1654 der offizielle »Krönungswein« für die Thronbesteigung des jungen Louis XIV., aber seine Erfindung geht auf die Römer zurück, die in der Champagne die ersten Rebstöcke gepflanzt haben. Seither bringt er uns immer wieder zum Träumen, denn es ist ein lebendiger Wein, fröhlich und aphrodisisch – auch wenn das nicht erwiesen ist. Er diente schon dem großen Verführer Casanova, um seine Opfer zu umgarnen! In vernünftigen Mengen genossen, erzeugt er genau die richtige Stimmung ...

Streicheln und Zärtlichkeit sind das Geheimnis des Vorspiels. Ganz allmählich erwachen die erogenen Zonen, und die Intensität Ihrer Empfindungen zeigt Ihnen, was Sie und er am liebsten haben. Lassen Sie sich Zeit – die Körper müssen einander kennenlernen.

Mandeltarte »Verführung«

Für 2 Verliebte
Vorbereitung: 30 Minuten
(+ 2 Stunden Teigruhe)
Backzeit: 35 Minuten

Zutaten
Für den Teig:
50 g weiche Butter
100 g Mehl + etwas Mehl zum Bestauben
30 g Puderzucker
1 Prise Salz

Für den Belag:
100 g rosa Zuckermandeln
100 g Sahne
Einige Pistazien zum Garnieren
Einige Mandelblättchen zum Garnieren

✿ Für den Teig: Die Butter in kleine Stückchen zerteilen. 100 Gramm Mehl, Zucker und Salz in einer Schüssel vermengen. Eine Vertiefung hineindrücken und die weiche Butter hineingeben. Die Mischung vorsichtig mit den Fingerspitzen drücken und so die Butter gründlich in das Mehl einarbeiten. So viel kaltes Wasser dazugießen (etwa 1 kleines Glas), dass sich eine Kugel formen lässt, ohne den Teig übermäßig zu kneten. Leicht mit Mehl bestauben, mit einem sauberen Küchentuch bedecken und 1 Stunde bei Raumtemperatur ruhen lassen.

✿ Den Teig auf eine mit Mehl bestaubte Arbeitsfläche geben und zwei Kuchenböden mit je 15 Zentimeter Durchmesser (oder ein Kuchenboden mit 30 Zentimeter) formen, auf zwei (oder ein) gefettetes rundes Backblech legen und im Kühlschrank nochmals 1 Stunde ruhen lassen.

✿ Den Backofen auf 180 °C vorheizen.

✿ Die Kuchenböden im heißen Ofen 15 Minuten hell backen.

✿ Inzwischen die Zuckermandeln mit einem Nudelholz grob zerdrücken. Die zerkleinerten Mandeln mit der Sahne vermengen und die Mischung auf die Teigböden gießen.

✿ Die Temperatur des Ofens auf 200 °C erhöhen. Die Kuchen hineinschieben und 20 Minuten (bei einem großen Boden 30 Minuten) backen.

✿ Abkühlen lassen und mit den zu kleinen Blumen arrangierten Pistazien und gehobelten Mandeln dekorieren oder einfach mit Mandeln und Pistazien bestreuen.

Sie können auch einen fertigen Mürbeteig verwenden. Diese Tarte ist ein Augenschmaus und schmeckt köstlich ... Noch besser ist sie, wenn sie am Vorabend zubereitet wurde.

Birnen in karamellisiertem Roséwein

Für 2 Verliebte
Vorbereitung: 10 Minuten
(+ 2 Stunden zum Abkühlen)
Garzeit: 20 Minuten

Zutaten
2 reife feste Birnen
250 ml fruchtiger Roséwein
200 g Puderzucker
Saft von 1 Zitrone
2 Vanilleschoten
$^{1}/_{2}$ getrocknete Chilischote

❀ Die Birnen halbieren. Jede Hälfte schälen, Kerngehäuse und Kerne entfernen.

❀ Wein, Zucker und die Hälfte des Zitronensafts in einen Topf geben. Die Vanille-schoten der Länge nach aufschneiden und das Mark in den Topf schaben. Vanille-schoten und zerkrümelte Chilischote dazugeben und alles aufkochen lassen.

❀ Die Birnenhälften in den Topf legen und zugedeckt 20 Minuten bei mittlerer Hitze kochen, nach der Hälfte der Zeit umdrehen und sorgfältig mit der Flüssigkeit über-gießen.

❀ Die Birnen herausnehmen und mit der runden Seite nach unten auf einen Teller legen. Die Vanilleschoten herausnehmen und beiseitelegen.

❀ Den restlichen Zitronensaft zu der im Topf belassenen Wein-Zucker-Mischung geben und diese reduzieren, bis alles leicht karamellisiert ist.

❀ In die Mitte jeder Birnenhälfte etwas von der Karamellmischung geben, abkühlen und 1 Stunde bei Raumtemperatur ruhen lassen. Für 1 weitere Stunde in den Kühl-schrank stellen.

❀ Die Birnen auf dekorative Dessertteller setzen und nach Belieben mit den Vanille-schoten dekorieren.

Die Wein-Karamell-Mischung ergibt ein köstliches, leicht scharfes Bonbon im Herzen der rosa eingefärbten Birnenhälften ... Mit Genuss zu lutschen.

Apfel-Himbeer-Streusel »à la rose«

Für 2 Verliebte
Vorbereitung: 20 Minuten
Backzeit: 25 Minuten

Zutaten
Für den Teig:
80 g Butter
80 g Puderzucker
1 Päckchen Vanillezucker
125 g Mehl

Für die Garnitur:
3 Äpfel
Saft von 1 Zitrone
75 g Puderzucker
250 g Himbeeren
4 EL Rosenblütengelee
   (im Feinkostladen erhältlich)
Ein wenig Butter für die Form

❀ Den Backofen auf 150 °C vorheizen.

❀ Für den Streuselteig: Butter, Zucker, Vanillezucker und Mehl mit den Fingerspitzen zu einem krümeligen Teig verarbeiten. Beiseitestellen.

❀ Eine Gratinform leicht mit Butter einfetten.

❀ Die Äpfel schälen, von den Kerngehäusen und den Kernen befreien und in große Schnitze schneiden. Zitronensaft und Zucker darüber verteilen.

❀ Eine Schicht Äpfel in die Form legen und mit den Himbeeren bedecken. Zwei Esslöffel Rosenblütengelee darüber verteilen, die restlichen Äpfel daraufschichten und das übrige Rosenblütengelee daraufgeben.

❀ Die Streusel über die Früchte krümeln, bis die ganze Oberfläche bedeckt ist.

❀ Das Dessert in den Ofen schieben und 25 Minuten backen. Kalt oder warm genießen.

Auf einem Bett aus Rosenblütenblättern ...

Prickelnde rote Früchte

Für 2 Verliebte
Vorbereitung: 15 Minuten
(+ 4 Stunden zum Abkühlen)

Zutaten
4 Blatt Gelatine
200 ml Kokosmilch
120 g Puderzucker

1 Vanilleschote
Einige zerdrückte rosa Pfefferbeeren
250 g rote Beeren (Erdbeeren, Himbeeren, Johannisbeeren ...)
Saft von 1 rosa Grapefruit
Ein paar Minzeblätter, fein geschnitten
2 Gläser Champagner oder trockener Vouvray

- ✿ 2 Blatt Gelatine in kaltem Wasser einweichen.
- ✿ Die Kokosmilch mit der Hälfte des Zuckers in einem Topf erwärmen.
- ✿ Die Vanilleschote der Länge nach vierteln und das Mark in die Kokosmilch schaben. Die Pfefferbeeren und die ausgedrückte Gelatine unterrühren, bis sich die Gelatine aufgelöst hat. Ein paar Sekunden ziehen lassen, die Vanilleschote entfernen.
- ✿ Diese Mischung auf 2 hohe Gläser verteilen und in den Kühlschrank stellen.
- ✿ Die Beeren waschen und gut abtropfen lassen. Die Erdbeeren halbieren oder viertln.
- ✿ Den Grapefruitsaft mit dem restlichen Zucker in eine Schüssel geben, die zerkleinerten Minzeblätter und die Beeren hinzufügen und im Kühlschrank 2 Stunden ziehen lassen.
- ✿ Die Früchte abgießen und die Flüssigkeit aus der Schüssel beiseitestellen.
- ✿ Die restlichen Gelatineblätter in kaltem Wasser einweichen.
- ✿ Die Flüssigkeit aus der Schüssel in einem Kochtopf leicht erwärmen und die Gelatineblätter darin unter Rühren auflösen.
- ✿ Die Gläser aus dem Kühlschrank nehmen und die Früchte auf dem Kokosgelee arrangieren. Die Flüssigkeit darübergießen, bis die Früchte ganz bedeckt sind. Weitere 2 Stunden in den Kühlschrank stellen.
- ✿ Direkt vor dem Servieren mit Champagner auffüllen und sofort genießen.

Bei diesem köstlichen, dekorativen Dessert entdeckt man die gleichermaßen prickelnden und würzigen Aromen nach und nach. Am besten schmeckt es, wenn man einander tief in die Augen blickt.

Köstliche Augenblicke

Die Lust steigt nun wie das Meer, in aufeinanderfolgenden Wellen, und jeder stellt sich auf sie ein, lässt sich von ihr überwältigen – der Körper in höchster Erregung, voller Leben. Die Hypnose wirkt – für die Dauer einer Umarmung. Haut zu Haut, die Körper suchen einander, nähern sich an, die Sinne vereinen sich. Das ist der Moment, um mit den Händen zu sehen, mit den Augen zu berühren, mit dem Mund zu empfinden, mit der Haut zu hören und mit dem Herzen zu schmecken – so, wie man sich von der köstlichen Mischung einfangen lässt, die ein gutes Gericht ausmacht.

Das Wasser läuft einem im Mund zusammen, der Appetit steigert sich, die Lust auf den anderen, das Verlangen des einen im anderen. Die Erregung entfaltet sich wie eine Rose im Frühling. Die Verliebten bereiten mit ihrem Festmahl die Feier des Orgasmus vor die unbeschreiblichen Momente des Rausches: Entflammte Sinne, intensives, immer neu geschürtes Begehren, Körper und Seele entschweben in einem Wirbel voller Wunder ... und zerfließen vor Lust. **Der Weg zum siebten Himmel!**

Wenn die
Geschmacksnerven
angeregt werden

Erregung ist das Präludium der Lust. Sie anzunehmen heißt, dem Körper Raum zu geben, aber auch den Fantasien, die scharfmachen, die einen anstacheln, ohne dass man sich verbrennt, und einen auf jene Gipfel kommen lassen, die man für unerreichbar hielt! Im Rausch des intimen Miteinanders schreiten wir Stufe um Stufe gemeinsam voran.

Wer ein Glas Milch trinkt und dann vor dem Spiegel die Zunge herausstreckt, erkennt darauf runde Zonen – die Geschmacksknospen. Ihre Zellen tragen auf der Oberfläche Rezeptoren, womit wir die verschiedenen Geschmacksrichtungen wahrnehmen. Sobald ein Molekül an einen Rezeptor andockt, werden die Zellen aktiviert und melden es über Erregungsleitungen dem Gehirn.

Lassen Sie am Dekolleté Spitzenwäsche aufblitzen – Unterwäsche lässt ihn träumen. Je nach Herstellungsart unterscheidet man Klöppelspitzen und Nadelspitzen. Klöppelspitzen kamen Mitte des 16. Jahrhunderts in Italien und Flandern auf. In ganz Europa hergestellt, tragen sie so hübsche Namen wie Spitzen aus Cluny, Binche-Spitzen, Duchesse-Spitzen oder auch Rosaline ...

Keine Angst vor dem Schwips nach einem Glas Bourgogne aligoté, aber lassen Sie sich nicht abfüllen – Freiheit ist kostbar!

Servieren Sie die Garnelen aufgetürmt: Dieser pyramidenförmige, früher sehr beliebte Aufbau in der Art eines Mikadospiels aus Krustentieren erinnert an die pulsierende und schwindelerregende Zartheit des weiblichen Geschlechts. Wenn eine weibliche Garnele dem Werben eines Männchens nachgibt, bezieht sie es in einen schwebenden Tanz ein, der sie zu einer geschmeidigen Vereinigung der Unterleiber führt. So bewegt sich das Paar im Takt der Strömungen und Launen des Meeres ... Es heißt, manche Arten würden Licht aussenden und den Meeresgrund erhellen ... ein wahres Feuerwerk!

Unsere Sexualität lebt von Geburt an. Sie entwickelt sich, wächst, schwankt, glüht auf oder beruhigt sich. Die sexuelle Erregung gehört zu ihren wichtigsten Phasen. Das Verb erregen verweist auf einen Zustand der Anspannung und auf ein Erwachen des Begehrens, sowohl auf körperlicher als auch auf psychischer Ebene. Die Erregung spielt sich auch im Kopf ab und ist immer mit der Welt der Fantasie und der gesteigerten Sinnlichkeit verbunden.

Wissenschaftliche Untersuchungen über visuelle Reize zeigen uns jenes komplexe Puzzle der Gehirnregionen, die je nach dem Grad der sexuellen Erregung aktiviert oder deaktiviert werden. Es bleibt noch viel zu erforschen, doch die Liebe ist nicht einfach zu durchschauen und wird immer auch Mysterium bleiben ...

Unten oder oben? Geschichteter Sellerie

Für 2 leidenschaftlich Verliebte
Vorbereitung: 30 Minuten
Garzeit: 12 Minuten

Zutaten
1 Knolle Sellerie
20 g Butter
1 Prise geriebene Muskatnuss
2 TL flüssiger Honig
Salz und Pfeffer aus der Mühle
4 Scheiben durchwachsener Speck
200 g mittelalter Mimolettekäse, gerieben (oder Comté)

❀ Den Backofen auf 180 °C vorheizen.
❀ Den Sellerie schälen und quer zum Wurzelansatz in 6 etwa 0,5 Zentimeter dicke Scheiben schneiden.
❀ Die Scheiben 10–15 Minuten im Dampf garen, bis sie weich sind.
❀ In einer Pfanne die Butter zusammen mit dem Muskat und Honig schmelzen lassen. Die Selleriescheiben hineinlegen und bei mittlerer Hitze auf beiden Seiten anbräunen, dabei sorgfältig mit der Butter-Honig-Mischung überziehen. Salzen und pfeffern.
❀ Zwei Selllerietürme zusammenstellen: Auf ein mit Backpapier bedecktes Backblech 2 Scheiben Sellerie legen, mit je 1 Scheibe Speck bedecken und je 1 Schicht geriebenen Mimolette darüberstreuen. Diesen Vorgang wiederholen und mit 1 Selleriescheibe abschließen.
❀ Im Backofen 10 Minuten garen, dann unter dem Grill 2 Minuten bräunen.

Eine zugleich sinnliche und herzerwärmende Überraschung, die das Reich der Fantasie öffnet. Unten oder oben? Mimolette oder Comté? Finden Sie es heraus …

Salat »Sie und Er«

Für 2 leidenschaftlich Verliebte
Vorbereitung: 10 Minuten
(+ 1 Stunde zum Marinieren)
Garzeit: 15 Minuten

Zutaten
2 Hühnerbrustfilets (300 g)
Saft von 2 Limetten
4 EL natives Olivenöl extra
Salz und Pfeffer aus der Mühle
1 Mango
1 Avocado
1 EL Weinessig
2 EL gehackter Estragon

✿ Die Hühnerbrustfilets würfeln oder in Scheiben schneiden.
✿ Den Saft von 1^1/$_2$ Limetten in eine Schüssel geben und mit 1 Esslöffel Olivenöl vermengen. Das Hühnerfleisch dazugeben. Salzen, pfeffern und 1 Stunde im Kühlschrank marinieren.
✿ In einer Pfanne mit Antihaftbeschichtung das Fleisch in 1 Esslöffel Olivenöl 15 Minuten bei starker Hitze sautieren. Wenn es schön angebräunt ist, abschmecken und abkühlen lassen.
✿ Die Mango schälen und in Würfel oder Scheiben schneiden, ebenso die Avocado.
✿ Aus dem restlichen Olivenöl, dem Essig, dem Saft von ^{1}/$_2$ Limette und dem Estragon die Sauce zubereiten. Salzen, pfeffern und gründlich emulgieren.
✿ Avocado, Mango und Hühnerfleisch auf tiefen, dekorativen Tellern harmonisch anrichten. Das Dressing getrennt dazu anbieten; jeder kann so nach Wunsch würzen.

Eine verführerische, raffinierte Mischung, die einem das Wasser im Mund zusammenlaufen lässt …

Garnelen der Sehnsucht

Für 2 leidenschaftlich Verliebte
Vorbereitung: 5 Minuten
Garzeit: 13 Minuten

Zutaten
1 Knoblauchzehe
1 EL Olivenöl
400 g große geschälte Garnelen
    mit Schwanz, vom Darm befreit
1 EL flüssiger Honig
1 getrocknete Chilischote
1 TL Currypulver
Salz und schwarzer Pfeffer aus der Mühle

* ❀ Den Knoblauch schälen, vom Keim befreien und fein hacken.
* ❀ Das Olivenöl in einer Pfanne erhitzen und die Garnelen darin bei mittlerer Hitze 3 Minuten anbraten.
* ❀ Knoblauch, Honig, zerkrümelte Chilischote und Curry zugeben. Salzen, pfeffern und 10 Minuten bei mittlerer Hitze garen.
* ❀ Die Garnelen sehr heiß servieren.

Göttlich wäre der Genuss, wenn Sie lebende Garnelen bekämen … Ein echter Appell an die Liebe, vor allem wenn Sie dazu in etwas Butter angeschmorte, gewürzte Apfelwürfel reichen. Wenn Sie die Garnelen als Hauptgericht auf den Tisch bringen, können Sie dazu cremiges Fenchelpüree reichen, in das die Garnelen eingetaucht werden.

Salat »Verbotene Frucht«

Für 2 leidenschaftlich Verliebte
Vorbereitung: 10 Minuten
Garzeit: keine

Zutaten
200 g frischer Feldsalat (Rapunzel)
150 g Himbeeren
Salzblüte (Fleur de Sel)
3 EL natives Olivenöl extra
2 EL Himbeeressig
Jamaikapfeffer

* Den Feldsalat sorgfältig waschen, die kleinen Wurzeln entfernen.
* Die Himbeeren verlesen.
* Für die Vinaigrette: Etwas Salzblüte (Fleur de Sel) im Olivenöl verteilen. Himbeeressig und Pfeffer dazugeben und alles gut verschlagen.
* Den Salat in Schalen oder auf Tellern anrichten und mit den Himbeeren belegen.
* Die Vinaigrette im letzten Moment darübergießen und sofort servieren.

Dieser ganz schlichte Salat kann für sich allein genossen oder zusammen mit einem sehr guten Parmaschinken gereicht werden ...

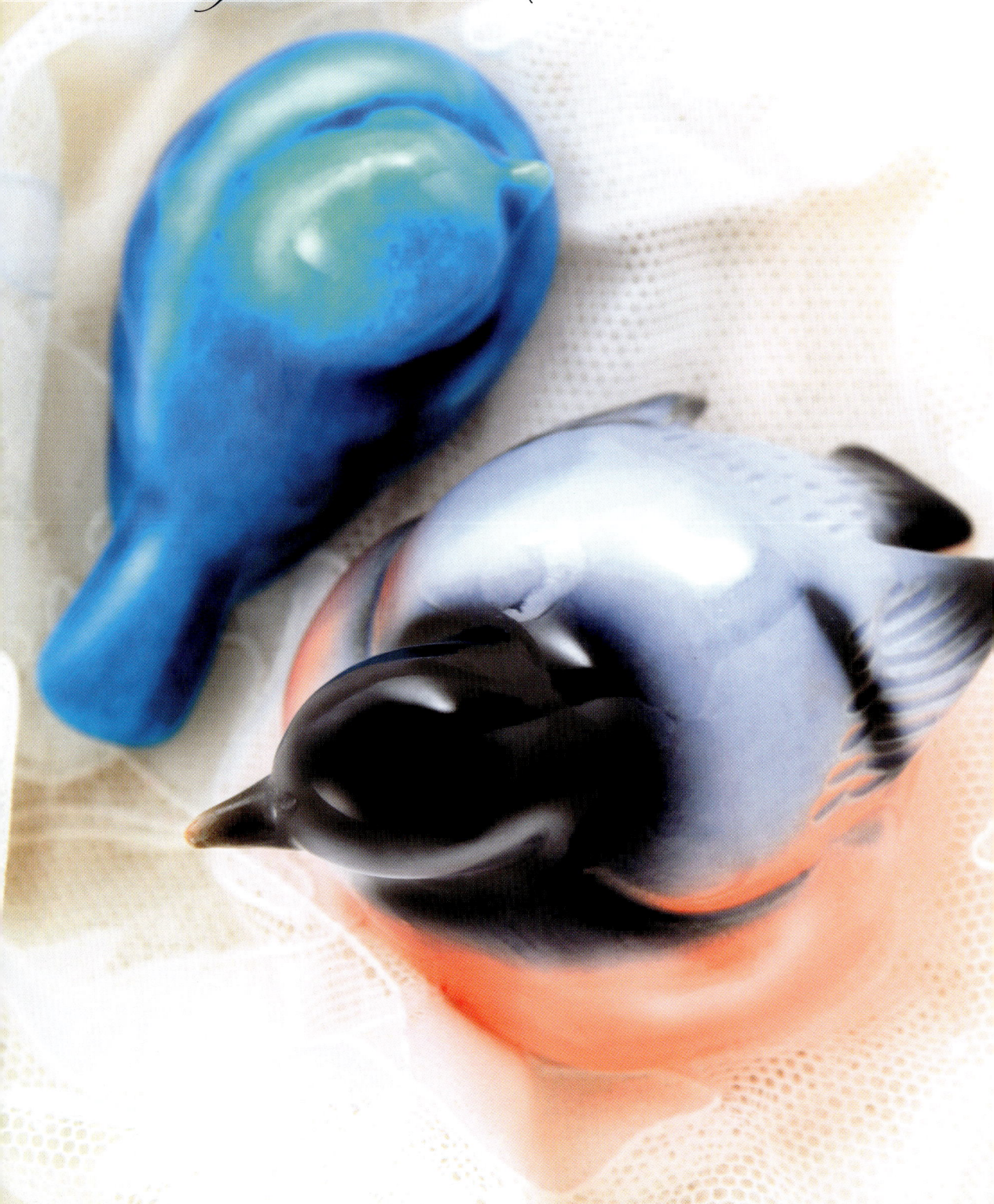

Entflammte Sinnlichkeit

Alles verlangsamt sich auf dem Fest der Körper: Betörende Hände. Sich verlierende Blicke. Bezaubernde Düfte. Sich mischende Aromen. Gemurmelte Worte.
Rohes und Gares, alles an seinem Platz, stets den anderen achtend; das rechte Maß an Gewürzen, um alles zu entfachen … Körper und Gerichte!

Lassen Sie ihn (wie in Disneys Zeichentrickfilm die Susi ihren Strolch) nicht aus den Augen, während Sie wonnevoll, Mund an Mund, die Spaghetti entrollen.

Knoblauch »im Hemd« (ungeschält) passt perfekt zum Schweinefilet mignon. Knoblauch soll aus den Ebenen östlich des Kaspischen Meers zu uns gekommen sein. Auch in den Sarkophagen der alten Ägypter hat man Knoblauch gefunden: Damit konnte der Verstorbene seine Reise ins Jenseits bestreiten. Im Lauf der Zeiten sind dem Knoblauch viele Vorzüge zugeschrieben worden: Antiseptikum, Wurmmittel … und natürlich Aphrodisiakum!

Ein schönes Kartoffelpüree bleibt im Gedächtnis und wirkt sich auf unsere Erinnerungen ähnlich aus wie bei Proust das kleine Gebäck namens Madeleine.

Wo das erotische Erwachen uns auf unsere ersten körperlichen Erfahrungen zurückführt, da hinterlässt es auch Spuren in unserer ersten verliebten Umarmung, die eines Tages oder Nachts unser ganzes Sein erfasst hat.
Etwas davon wirkt in unserem Körper weiter, und in diesem Sinn kann man wahrhaftig von einer körperlichen Erinnerung sprechen.

Der Geschmackssinn erwächst aus dem Zusammenspiel von Geruchssinn und Augen sowie aus der Wahrnehmung von Aromen und Konsistenzen.
»Schmecken« können wir nur vier Eigenschaften: salzig, süß, sauer und bitter. Der Geruchssinn ergänzt den Geschmack dank einer Struktur im oberen Rachenraum, welche für Geruchsmoleküle empfindlich ist – der wie ein gelber Fleck aussehenden Riechschleimhaut.

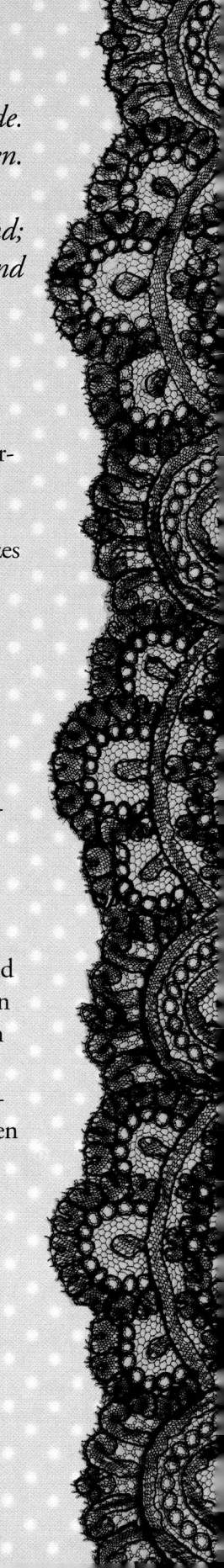

Zartes Kalbfleisch auf Püree mit Oliven

Für 2 leidenschaftlich Verliebte
Vorbereitung: 15 Minuten
Garzeit: etwa 60 Minuten

Zutaten
Für die geschmolzenen Tomaten:
2 Tomaten
1 Knoblauchzehe
2 Stängel glatte Petersilie
1 Prise Puderzucker
Olivenöl
Salz
Pfeffer aus der Mühle

Für das Püree:
500 g Kartoffeln
50 g entkernte schwarze Oliven
100 ml Milch
1 EL Olivenöl

Für die Kalbsmedaillons:
2 Medaillons vom Kalbsfilet,
    etwa 2 cm dick
2 EL Olivenöl
Basilikumblätter zum Garnieren

❀ Den Backofen auf 210 °C vorheizen.

❀ Für die geschmolzenen Tomaten: Die Tomaten halbieren, entkernen und auf einen hitzefesten Teller legen. Den Knoblauch in Scheiben schneiden und die Petersilie hacken, zu den Tomaten geben und mit Zucker bestauben. Etwas Olivenöl über die Tomaten träufeln, salzen und pfeffern. Im Ofen 15 Minuten backen.

❀ Die Backofentemperatur auf 150 °C reduzieren und die Tomaten weitere 45 Minuten garen. Im Auge behalten, bis sie karamellisiert sind und schmelzen.

❀ Inzwischen das Püree vorbereiten: Die Kartoffeln in Salzwasser in 30 Minuten weich kochen. Abgießen und schälen.

❀ Die Oliven in kleine Stückchen schneiden.

❀ Die Milch in einem kleinen Topf aufkochen lassen und auf die Kartoffeln gießen. Die Kartoffeln mit einer Gabel zerdrücken.

. . .

✿ Zuerst die Oliven, dann das Olivenöl in das Püree einarbeiten. Salzen, pfeffern und unter gelegentlichem Umrühren im Wasserbad warm halten.

✿ Für die Medaillons: Das Fleisch auf beiden Seiten salzen und pfeffern. Das Olivenöl in einer Pfanne erhitzen und die Medaillons auf jeder Seite bei mittlerer Hitze 5 Minuten anbraten.

✿ Die Medaillons mit den Basilikumblättern garnieren und zusammen mit dem Püree und den geschmolzenen Tomaten servieren.

Püree und Medaillons ergänzen sich wundervoll! Mit grünen Oliven wäre das Püree noch einzigartiger, aber auch etwas bitter.

Filet mignon mit Orangenglasur

Für 2 leidenschaftlich Verliebte
Vorbereitung: 15 Minuten
Garzeit: 30–40 Minuten

Zutaten
1 TL Kreuzkümmelsamen
1 TL schwarze Pfefferkörner
1 TL Koriandersamen
1 Schweinefilet (etwa 300 g)
2 EL Olivenöl

1 Knoblauchzehe
2 EL Sojasauce
100 g flüssiger Honig
1 EL gehackter frischer Ingwer
Saft von 1 Orange
1 TL fein gehackte unbehandelte
    Orangenschale
1 Prise Cayennepfeffer
Korianderblätter zum Dekorieren
Salz

* Kreuzkümmel, Pfeffer und Koriander in einem Mörser zerkleinern.
* Das Schweinefilet in einer schweren Gusspfanne in dem Olivenöl bei mittlerer Hitze 10 Minuten auf jeder Seite anbraten.
* Pfeffer, Koriander und Kreuzkümmel in einem kleinen Topf 2 Minuten bei schwacher Hitze anrösten. Ungeschälte, leicht zerdrückte Knoblauchzehe, Sojasauce, Honig, Ingwer, Saft und Schale der Orange und Cayennepfeffer zugeben, 2–3 Minuten bei mittlerer Temperatur erhitzen. Die Sauce durch ein feines Sieb gießen und warm stellen.
* Das Filet aus der Pfanne nehmen, das Bratfett abschöpfen und das Filet in die Pfanne zurücklegen. Die Sauce zugeben und alles 20–30 Minuten bei mittlerer Hitze garen, das Fleisch dabei regelmäßig übergießen, damit die Sauce gut einzieht. Sie muss eine sirupartige Konsistenz bekommen.
* Das Filet in dicke Scheiben schneiden. Die Sauce abschmecken und das Filet damit überziehen. Mit Korianderblättern garnieren und servieren.

Konzentrierte Sensationen, die Sie hinreißen werden!

Spaghetti »Susi und Strolch«

Für 2 leidenschaftlich Verliebte
Vorbereitung: 10 Minuten
Garzeit: je nach Nudelart

Zutaten
Für das Pistazienpesto:
1 Knoblauchzehe
40 g naturbelassene, geschälte Pistazien
6 EL natives Olivenöl extra
Salz und Pfeffer aus der Mühle
1 Prise geriebene Muskatnuss

Für die Nudeln:
50 g Pecorino oder Parmesan, am Stück
200 g Spaghetti
Salz

✿ Die Knoblauchzehe schälen, vom Keim befreien und grob hacken.
✿ Die Pistazien mit dem Knoblauch im Mörser zerkleinern, dabei nach und nach das Olivenöl zugeben (das ist auch mithilfe eines Mixers möglich). Salzen, pfeffern und Muskatnuss einrühren.
✿ Den Pecorino oder Parmesan mit dem Sparschäler in sehr dünne Späne hobeln.
✿ Die Spaghetti in einem großen Topf mit kochendem Salzwasser je nach angegebener Kochzeit auf der Packung al dente kochen.
✿ Abgießen und mit dem Pistazienpesto vermengen.
✿ Mit Pecorino- oder Parmesanspänen bestreuen und servieren.

Von Mund zu Mund sind Spaghetti ein Symbol für das Band der Liebe!

»Mein kleiner Wolf« mit Petersilie

Für 2 leidenschaftlich Verliebte
Vorbereitung: 15 Minuten
Garzeit: 20 Minuten

Zutaten
50 g Butter
2 Knoblauchzehen
2 EL gehackte glatte Petersilie
1 Wolfsbarsch (Loup de Mer),
    ausgenommen und geschuppt,
    ohne Mittelgräte, etwa 800 g

1 EL Sonnenblumenöl (für die Form)
Salz
Pfeffer aus der Mühle
1 EL Olivenöl
    + etwas zum Darüberträufeln
1 große Tomate
1 EL Mehl
Salzblüte (Fleur de Sel)

✿ Den Backofen auf 210 °C vorheizen.

✿ Die Butter bei Raumtemperatur weich werden lassen. Die Knoblauchzehen schälen, vom Keim befreien und fein hacken.

✿ Die Butter mit dem Knoblauch und der Petersilie vermengen.

✿ Diese Kräuterbutter anstelle der Mittelgräte in den Fisch füllen, den Fisch wieder zuklappen.

✿ Eine feuerfeste Form einölen. Den Fisch darauflegen, salzen, pfeffern und ein paar Tropfen Olivenöl darüberträufeln. Im Ofen 20 Minuten garen.

✿ Die Tomate waschen und 2 dicke Scheiben aus ihrer Mitte schneiden. Die Scheiben wie ein Schnitzel in Mehl wenden.

✿ Das Olivenöl in einer Pfanne erhitzen und die Tomatenscheiben auf jeder Seite 2 Minuten bei starker Hitze braten: Sie sollen goldbraun, aber innen noch roh sein.

✿ Mit Salzblüte (Fleur de Sel) bestreuen und pfeffern.

✿ Den Fisch zusammen mit den Tomatenscheiben servieren.

Niemals nachlassen, immer etwas wagen! Alle Kräuter sind möglich: Basilikum, Schnittlauch und auch eine Mischung aus Minze und Aniskraut, warum denn nicht! Sie können auch eine Füllung auf der Grundlage von gehackten Nüssen oder Mandeln mit Petersilie, Knoblauch und Olivenöl zubereiten. Originell und mit Biss!

Intensive Lust

Schließlich ... ein Orgasmus wie ein Wirbelsturm! Manche sagen, er zünde wie ein Blitz. Kleiner Tod? Vielleicht, aber einer, der einem das Gefühl gibt, dem Leben näher zu sein. Hingabe? Ja, an sich selbst. Überraschung? Immer, wie ein Geschenk des Himmels. Heilig? Gewiss, aufgrund des Mysteriums der Gemeinsamkeit. Und dann der Eindruck der Vollkommenheit, wenn man bei einem Chefkoch zu Tisch ist!

Der Sichuanpfeffer oder Fagara kommt aus China; er lässt Sie die sinnlichen Raffinessen des Fernen Ostens kosten. Der Strauch wächst in hoch gelegenen Wäldern und trägt sehr aromatische kleine Früchte, die im reifen Zustand rot werden. Getrocknet fallen sie auseinander und geben schwarze, glänzende Samenkörner frei. Sichuanpfeffer schmeckt nach Anis, ist scharf und hat einen Hauch von Zitrone.

Gewürze wirken bekanntlich aphrodisierend. Aber wussten Sie auch, dass traditionell nur neun Pflanzen als Gewürze gelten? Sie stammen alle aus dem Orient: Sternanis, Zimt, Gewürznelken, Ingwer, Muskat, Piment, Pfeffer, Safran und Vanille.

Den Mythos von der Geburt der Aphrodite hat uns Hesiod in seiner Theogonie erzählt. Danach wurde Uranus von seinem Sohn Kronos grausam verstümmelt: Der Sohn warf die Hoden seines Vaters ins Meer. Das auf diese Weise befruchtete Meer gebar nach langen Jahren die Aphrodite. Diese Geschichte spiegelt sich in der Etymologie des Namens – aphros heißt Schaum, Aphrodite ist die Schaumgeborene. So wurde aus dem Namen der Göttin, welche die glühendste Begeisterung hervorruft, im Altgriechischen der Begriff aphrodisiakos und im Deutschen das Aphrodisiakum.

Libido, die von Freud postulierte Triebenergie, ist im Seelenleben der dynamische Ausdruck des Sexualtriebs. Der Trieb stellt einen Drang an der Grenze zwischen dem Körperlichen und dem Psychischen dar, und die Libido liefert die Energie für diesen Trieb, zumindest ist dieser Begriff aus den Arbeiten Freuds hervorgegangen. Die Libido ist für die Liebe, was der Hunger für das Essen ist, wobei der lateinische Ausdruck »libido« für Verlangen, Begehren steht. In einem zweiten Schritt entwickelt Freud seine Vorstellung dann weiter; er unterscheidet Selbstlibido (man selbst ist Liebesobjekt – Narzissmus) und Objektlibido (äußeres Liebesobjekt, der andere). Sollten Sie mal den Eindruck haben, Ihre Libido sei verschwunden – keine Sorge, sie ist nur gut versteckt, und mit etwas Hilfe finden Sie sie bestimmt wieder!

Orgasmus ist von dem griechischen Wort orgân abgeleitet, was »schwellen« oder »erregt sein« bedeutet. Und es steht für den Höhepunkt der sexuellen Lust und deren Erfüllung.

Kokoshähnchen mit Sichuanpfeffer

Für 2 Verliebte
Vorbereitung: 5 Minuten
Garzeit: etwa 45 Minuten

Zutaten
Für das Kokoshähnchen:
1 kleine Zwiebel
2 Hühnerbrustfilets
1 Knoblauchzehe
1 Tomate

1 EL Olivenöl
1 TL Currypulver
1 TL zerstoßener Sichuanpfeffer
200 ml Kokosmilch
Salz
Pfeffer aus der Mühle

Für den Reis:
100 g Reis
10 g Butter
1 EL Olivenöl

✿ Für das Kokoshähnchen: Die Zwiebel schälen und fein würfeln. Die Hühnerbrüste in Stücke schneiden. Den Knoblauch schälen, vom Keim befreien und hacken. Die Tomate in kleine Würfel schneiden. Die Zwiebel in einer Sautierpfanne in dem Olivenöl 5 Minuten bei schwacher Hitze anschwitzen.

✿ Curry, Sichuanpfeffer und Knoblauch zugeben, alles 1 Minute dünsten.

✿ Das Fleisch und die Tomatenwürfel hinzufügen und 20 Minuten garen, dabei immer wieder gut umrühren.

✿ Am Ende die Kokosmilch zugeben und 5–7 Minuten kochen lassen, abschmecken.

✿ Inzwischen den Reis »mein Schnucki« zubereiten: 1/2 Liter Salzwasser in einem Kochtopf aufkochen lassen. Den Reis hineingeben und 10 Minuten bei mittlerer Hitze kochen. Abgießen.

✿ Die Butter mit dem Olivenöl in einem Topf bei sehr schwacher Hitze schmelzen lassen. Den Reis zugeben und zu einem Hügel formen, ohne ihn im Topf zu verteilen: Butter und Öl sollen auf dem Topfboden bleiben. Pfeffern und mit einem passend gefalteten sauberen Küchentuch zudecken. Einen Deckel auf das Tuch legen und alles 10 Minuten bei sehr schwacher Hitze garen: Der Reis bekommt unten eine Kruste und bleibt oben locker ...

✿ Das Kokoshähnchen heiß mit dem Reis »mein Schnucki« servieren.

Ein Hähnchengericht zum Träumen ... zart und kräftig trägt es Sie über Ihre Grenzen hinaus.

Ente »Polentamour«

Für 2 leidenschaftlich Verliebte
Vorbereitung: 40 Minuten
Garzeit: 20 Minuten

Zutaten
100 g Schnellkoch-Polenta
200 ml Milch + 200 ml Wasser

1 TL Pulver aus getrockneten Morcheln
  (siehe unten)
Salz und Pfeffer aus der Mühle
1 Schenkel vom »Confit de Canard«
50 g frische Morcheln
30 g Butter
Saft von 1/2 Zitrone

✿ Die Polenta 5 Minuten in der Milch-Wasser-Mischung kochen (Anweisungen auf der Packung beachten).

✿ Das Morchelpulver zur Polenta geben, salzen, leicht pfeffern und alles vermengen.

✿ Ein Stück Backpapier auf die Arbeitsfläche legen und die Polenta etwa 1 Zentimeter dick daraufstreichen.

✿ Abkühlen lassen.

✿ Den Entenschenkel in einer Pfanne 15 Minuten bei schwacher Hitze garen.

✿ Das Fleisch zerpflücken und beiseitestellen.

✿ Die Morcheln sorgfältig waschen und je nach Größe halbieren oder vierteln. In einer Pfanne in 20 Gramm Butter bei mittlerer Hitze 10 Minuten garen.

✿ Den Zitronensaft hineingießen und zugedeckt kochen lassen, bis die Flüssigkeit fast verdampft ist.

✿ Nun die Morcheln 2–3 Minuten bei starker Hitze braten. Pfeffern (nicht salzen) und einige Morcheln zum Garnieren zurücklegen.

✿ Den Backofen auf 180 °C vorheizen.

✿ Mithilfe einer kleinen Schüssel als Stanzform 4 Polentascheiben ausstechen. In eine feuerfeste Form legen und jede Scheibe mit einer Schicht Entenfleisch bedecken. Ein paar Morchelstücke darauf verteilen und pfeffern. Eine weitere Polentascheibe und ein kleines Stück Butter darauflegen.

✿ Im Ofen 20 Minuten backen.

✿ Mit den zurückgelegten Morcheln garnieren und servieren.

Soll das Gericht eher auf den Winter abgestimmt sein, können Sie eine Schicht gekochter, sehr aromatischer Linsen hinzufügen. Das weckt die Sinne mit Sicherheit! Das Pulver aus getrockneten Morcheln erhalten Sie wie durch Zauberei: Es genügt, im Mixer ein paar getrocknete Pilze zu mahlen. Das Pulver können Sie in einer kleinen Dose aufbewahren, um damit Nudeln, Reis oder ein Omelett zu aromatisieren.

Hähnchen »Tausendundeine Nacht«

Für 2 leidenschaftlich Verliebte
Vorbereitung: 20 Minuten
Garzeit: 45 Minuten

Zutaten
Für das Hähnchen:
1 große Zwiebel
2 Knoblauchzehen
3 EL Olivenöl
Je 2 Hähnchenschenkel und -brüste
2 EL gehacktes Koriandergrün
1 EL gehackte glatte Petersilie
2 TL Cayennepfeffer (nach Belieben mild oder scharf)
1 TL gemahlener Kreuzkümmel

5–6 Safrannarben
Salz und Pfeffer aus der Mühle
1/2 eingelegte Zitrone (aus dem arabischen Lebensmittelladen)
10 grüne, entsteinte Oliven

Für die Möhren mit Kreuzkümmel:
500 g Möhren
1 Knoblauchzehe
3 EL Olivenöl
2 EL Sherryessig
1 TL gemahlener Kreuzkümmel
10 Tropfen Tabascosauce
Salz
Pfeffer aus der Mühle
2 TL Kreuzkümmelsamen

✿ Für das Hähnchen: Zwiebel und Knoblauch schälen und fein hacken.

✿ 1 Esslöffel Olivenöl in einer Pfanne erhitzen und die Hähnchenteile darin 5 Minuten auf jeder Seite anbräunen. Beiseitestellen.

✿ Zwiebel, Knoblauch, Koriander, Petersilie, Cayennepfeffer, Kreuzkümmel, Safran und das übrige Olivenöl in einen Topf geben. Salzen, pfeffern, vermischen und 150 Milliliter Wasser angießen. 10 Minuten bei schwacher Hitze köcheln, das Fleisch zugeben und zugedeckt 30 Minuten bei mittlerer Hitze garen.

✿ Für die Möhren mit Kreuzkümmel: Die Möhren schälen und in dünne runde Scheibchen schneiden. 15 Minuten in einem Topf mit kochendem Wasser garen. Abgießen und abschrecken.

✿ Den Knoblauch schälen, vom Keim befreien und fein hacken.

✿ Aus dem Öl, Essig, gemahlenen Kreuzkümmel, Knoblauch und der Tabascosauce eine Vinaigrette zubereiten. Salzen und pfeffern. Die Vinaigrette über die Möhren gießen, mit den Kreuzkümmelsamen bestreuen und beiseitestellen.

✿ Sobald die Hähnchenteile gar sind, aus dem Topf nehmen und warm stellen. Die eingelegte Zitrone klein schneiden und mit den Oliven in die Sauce im Topf geben. Zugedeckt 5 Minuten bei schwacher Hitze garen.

✿ Die Hähnchenteile mit der Sauce übergießen und mit den Möhren servieren.

Das reine Vergnügen! In dieser Nacht kann alles geschehen …

Mein kleiner Hase und sein Kirschtomaten-Chutney

Für 2 leidenschaftlich Verliebte
Vorbereitung: 20 Minuten
(+ 1 Nacht zum Marinieren)
Garzeit: etwa 45 Minuten

Zutaten
Für das Kirschtomaten-Chutney:
300 g Kirschtomaten
150 g Puderzucker
1 Zimtstange
1 EL Himbeeressig

Für die Hasenschenkel:
3 EL Olivenöl
2 TL Gewürzmischung »Cinq-épices«
2 Hasenschenkel
3 Fenchel
250 g kleine Kartoffeln
Salz
Pfeffer aus der Mühle

❀ Das Chutney am Abend zuvor zubereiten: Die Kirschtomaten waschen, halbieren und über Nacht in einer Schüssel mit dem Zucker und der Zimtstange Saft ziehen lassen.

❀ Das Fleisch am Tag des Essens zubereiten: In einer Suppenschüssel 2 Esslöffel Olivenöl mit der Gewürzmischung vermengen, die Hasenschenkel darin wenden und zum Marinieren stehen lassen.

❀ Den Backofen auf 180 °C vorheizen.

❀ Die Hasenschenkel in eine feuerfeste Form legen und im Ofen etwa 45 Minuten braten. Falls erforderlich, Wasser zugeben und die Hasenschenkel ab und zu damit übergießen. Inzwischen für das Chutney die Tomaten in einen Kochtopf füllen, den Essig zugeben und die Mischung 15–20 Minuten bei starker Hitze kochen lassen, dabei häufig umrühren.

❀ Währenddessen den Fenchel putzen und klein schneiden. Die Kartoffeln schälen und beides im Dampfgarer 15–20 Minuten garen, mit Salz und Pfeffer würzen.

❀ Sobald der Hase durch ist, den zerkleinerten Fenchel in einer Pfanne in 1 Esslöffel Olivenöl 2–3 Minuten goldgelb anbraten.

❀ Die Hasenschenkel mit dem Fenchel, den Kartoffeln und dem Tomaten-Chutney servieren.

Das Chutney können Sie lauwarm servieren oder abkühlen lassen und wie Konfitüre im Töpfchen anrichten. Ein Fest der Sinne! Die Hasenschenkel können Sie auch im Bratbeutel im Dampf garen.

Dahinschmelzen vor Lust

*Dahinschmelzen vor Lust, sich dem eigenen Erfindungsreichtum über-
lassen und nicht vergessen, dass »Kochen einen unbeschwerten Kopf vo-
raussetzt, dazu Großzügigkeit und ein großes Herz«, wie Colette sagt.*

Schokolade soll von den Azteken zu uns gekommen sein. Der König Quetzalcóatl, Gott der Lüfte, des Lichts und des Lebens, pflanzte in seinem Garten den Kakaobaum … Der Legende zufolge wollte der gefiederte Schlangengott eine aztekische Prinzessin für ihren Heldenmut belohnen, weil sie wegen ihrer Weigerung, das Versteck eines Schatzes zu verraten, ihr Blut vergossen hatte. Aus diesem Blut ist der Kakaobaum hervorgegangen. Seine Früchte sind »bitter wie das Leid, stark wie die Tugend und rot wie das Blut«. Schokolade hat viele Vorzüge: Sie soll die Entspannung der Gefäße fördern und das Verklumpen von Blutplättchen verhindern. Außerdem wirkt sie wegen des in ihr enthaltenen Tryptophans entspannend. Verbesserter Kreislauf, weniger Anspannung: Also, meine Herren, wenn Sie eine gute Erektion haben wollen, dann sollten Sie … Schokolade essen!

»Das Sexualobjekt finden heißt im Grunde, es wiederzufinden« (Sigmund Freud). Suchen Sie nicht danach … Sie finden es, ohne sich dessen bewusst zu werden!

»Zum Höhepunkt kommen« oder einfach »Kommen« sind Ausdrücke, die seit Mai '68 und der großen Zeit der sexuellen Befreiung häufig gebraucht werden. Man könnte sie als volkstümliche Form von »in den 7. Himmel kommen« ansehen. Die Franzosen sagen auch »prendre son pied« dazu, was allerdings nichts mit dem Fuß zu tun hat (auch wenn Kleinkinder gern an den Zehen nuckeln). Der Ausdruck geht auf französische Gauner des 19. Jahrhunderts zurück, die damit die Aufteilung der Beute meinten – »seinen Anteil abkriegen« war der ursprüngliche Sinn, der keine sexuellen Nebenbedeutungen hatte, auch wenn schon bei Aristophanes eine Lysistrata vorkommt, die im Augenblick sexueller Lust den Fuß in die Hand nimmt.

Wenn Sie ihn in der Küche empfangen, können Sie sich eine hübsche Schürze umbinden, die seine Neugier anstachelt! Die Schürze gehört zu vielen Trachten und ist eines der Symbole der weiblichen Tugend. In der Provence ist die Schürze als Teil der Tracht verschwunden und durch einen geteilten Rock »mit Katzentür« ersetzt worden – im provenzalischen Dialekt heißt die Katze »mouno«, woraus minet oder minou abgeleitet sind, Kosenamen für das weibliche Geschlecht, die im Deutschen als »Muschi« ihre Entsprechung gefunden haben. Auf alle Fälle sollten Sie sich mit Ihrer Schürze nicht an Aschenputtel orientieren. Die Schürze darf nie zum Symbol der Unterwerfung werden. Und Sie sollten ein wenig abwarten, ehe Sie nichts darunter tragen!

Maronencreme »treues Herz«

Für 2 leidenschaftlich Verliebte
Vorbereitung: 15 Minuten
(+ 3 Stunden im Kühlschrank)
Garzeit: keine

Zutaten
Für die Mousse:
150 g Maronencreme, gezuckert
1 TL Rum
1 Eiweiß
Salz

Zum Garnieren:
100 g Sahne
1 TL im Mörser zerstoßener Zucker
1 EL geröstete gehackte Nüsse, Mandelblättchen und Pinienkerne

✿ In einer Schüssel die Maronencreme mit dem Rum verrühren.
✿ Das Eiweiß mit 1 Prise Salz zu einem festen Schnee schlagen. Vorsichtig unter die Maronencreme heben.
✿ Die Mousse auf zwei dekorative Gläser oder Glasschalen verteilen. Für 3 Stunden in den Kühlschrank stellen.
✿ Kurz vor dem Servieren die gut gekühlte Sahne steif schlagen, dabei den Zucker zugeben.
✿ Jede Mousse mit Schlagsahne überziehen und mit den gerösteten Kernen und Nüssen bestreuen.
✿ Sofort servieren.

Wie Liebesworte, ins Ohr geflüstert ... Schmelz und Biss, in aller Zartheit. Sie können die Mousse auch mit zerbröckelten glasierten Maronen dekorieren.

Äpfel »im 7. Himmel«

Für 2 leidenschaftlich Verliebte
Vorbereitung: 50 Minuten
Garzeit: 45 Minuten

2 EL Calvados
2 Eier
100 g Puderzucker

Zutaten
Für den Auflauf:
4 Äpfel
Saft von ¹/₂ Zitrone
60 g Butter

Für die Karamellsauce:
250 ml Milch
3 Eigelb
50 g Puderzucker
3 Riegel Carambar (Kaubonbons mit
        Karamellgeschmack, etwa 60 g)

✿ Zunächst die Sauce vorbereiten, damit sie richtig kalt werden kann: Die Milch in einem Topf lauwarm werden lassen. Die Eigelbe mit dem Zucker aufschlagen, bis die Mischung weiß wird. Die Milch vorsichtig in die Mischung gießen und alles zusammen wieder in den Topf füllen. Die klein geschnittenen Kaubonbons dazugeben und die Sauce 10 Minuten unter Rühren erhitzen – sie darf nicht kochen. Die Sauce abkühlen lassen und in den Kühlschrank stellen.

✿ Den Backofen auf 120 °C vorheizen.

✿ Für den Auflauf: Die Äpfel schälen, vom Kerngehäuse befreien und vierteln. Mit Zitronensaft übergießen. Die Äpfel in einer Pfanne mit 20 Gramm Butter und dem Calvados bei mittlerer Hitze 10 Minuten köcheln lassen. 6 Viertel beiseitelegen.

✿ Die übrigen Viertel in eine feuerfeste Form legen. Im Ofen 30 Minuten garen. Abkühlen lassen.

✿ Die restliche Butter zum Schmelzen bringen.

✿ Die Eier mit dem Zucker und der geschmolzenen Butter aufschlagen und die Mischung über die Äpfel gießen.

✿ Alles vermischen. Dabei werden die Äpfel etwas zerfallen, aber es müssen Stücke verbleiben.

✿ Die vorbereitete Mischung in eine feuerfeste Porzellanterrine von etwa 25 Zentimeter Durchmesser gießen. Die zurückgelegten Apfelschnitze darauf verteilen.

✿ Erneut in den Ofen schieben und 45 Minuten garen.

✿ Der Auflauf kann lauwarm oder kalt mit der Karamellsauce überzogen genossen werden.

Das zweimalige Garen der Äpfel – in der Pfanne und im Backofen – ergibt unvergleichlichen Schmelz für einen köstlichen Augenblick. Das zergeht auf der Zunge ...

Überraschungen »Chérie«

Für 2 leidenschaftlich Verliebte
Vorbereitung: 15 Minuten
Garzeit: 10 Minuten

Zutaten
100 g Bitterschokolade
60 g Butter
2 Eier
60 g Puderzucker
25 g Mehl, gesiebt
10 in Obstbrand eingelegte Kirschen

✿ Den Backofen auf 150 °C vorheizen.
✿ Die Schokolade zerkleinern und zusammen mit der Butter im Wasserbad schmelzen lassen.
✿ Die Eier mit dem Zucker aufschlagen, bis die Mischung weiß wird, dann unter die Butter-Schokoladen-Masse arbeiten.
✿ Nun rasch das Mehl einrühren.
✿ Jeweils 3 Kirschen in kleine ofenfeste Portions- oder Papierförmchen mit hohem Rand legen und mit der Schokoladenmischung bedecken. Mit den restlichen Kirschen garnieren.
✿ Die Überraschungen »Chérie« im Ofen höchstens 10 Minuten garen: Die Törtchen müssen im Kern weich sein.
✿ Lauwarm genießen.

• • •

...

Die versteckten Kirschen sind kleine Überraschungen, die vollen Genuss versprechen. Die Törtchen können in den Portionsförmchen auch im Wasserbad (im Ofen, bei gleicher Temperatur) garen; so erhalten sie mehr Schmelz und sind kompakter, aber ebenso köstlich (kalt genießen). Die Kirschen in Obstbrand können Sie selbst zubereiten: 1 Kilogramm Kirschen waschen, Stiele bis auf etwa 1 Zentimeter abschneiden. In einer Schüssel mit 1 Liter Obstbrand (40 %) übergießen. 1 Zimtstange dazugeben und 3 Wochen an einem kühlen, dunklen Ort ziehen lassen. Dann 300 Gramm Puderzucker zugeben und noch einmal 2 Monate ziehen lassen.

Ananas-Leidenschaft

Für 2 leidenschaftlich Verliebte
Vorbereitung: 5 Minuten
Garzeit: 15 Minuten

Zutaten
1 reife Ananas
1 EL flüssiger Honig
10 g Butter
Saft von 1 Limette
2 Scheiben Lebkuchen- oder Honigbrot (Pain d'Épice)
2 Passionsfrüchte
1 Prise Cayennepfeffer

- ❀ Die Ananas schälen und in dünne Scheiben schneiden.
- ❀ Den Honig mit der Butter in einer Pfanne schmelzen lassen. Den Limettensaft dazu-gießen und 5 Minuten bei mittlerer Hitze einkochen lassen.
- ❀ Die Ananasscheiben dazugeben und auf jeder Seite 10 Minuten bei schwacher Hitze anschmoren.
- ❀ Die Lebkuchen- oder Honigbrotscheiben im Toaster rösten und in Stäbchen schnei-den.
- ❀ Die Ananasscheiben mit Cayennepfeffer bestreuen und mit den Brotstäbchen deko-rativ anrichten. Das Honig- oder Lebkuchenbrot mit dem Fruchtfleisch der Passions-früchte überziehen und servieren.

Sie können die Ananas auch würfeln und auf kleine Spießchen stecken. Diese Ananas mit Passionsfrüchten passt perfekt zu neckischem Geflüster …

Intime Köstlichkeiten

Sich gemeinsam der Intimität der Fingerspitzen zu überlassen, lädt zur Reise der Sinne und des Herzens ein. Im Austausch, der im Lauf der Zeit eine echte Beziehung wachsen lässt, kann sich jeder selbst entdecken. **Durch die Intimität der Verbindung werden die Momente der Zweisamkeit im Bett – und bei Tisch – zum einzigartigen Erlebnis.** So hat jede Geschichte ihren eigenen Reiz; immer ist es die eines Paares, das einmalig ist und dem kein anderes ähnelt – ob für eine Stunde, einen Tag, einige Jahre oder das ganze Leben!

Diese schöpferische Phase ist erfüllt mit Lachen, mit gemeinsamem Naschen, mit Liebesworten und Träumereien. Mit dem anderen, im anderen unterwegs sein ... zu einem echten Ziel. Der Aufstieg rasch und leidenschaftlich oder langsamer und tiefschürfender, doch Eros lässt nicht nach!

Und dann das notwendige Ausruhen, die Entspannung der Körper im Traum. Zusammen schlafen, die Nacht miteinander teilen und in den Armen des oder der anderen erwachen, staunend und ... hungrig. Eine wunderbare Morgendämmerung, wie der erste Morgen der Welt.

Naschereien für zwei …

Nuckeln, lecken, mit den Fingern essen — so erlebt man einen Teil der Kindheit wieder. Als würde man in einer großen Bonbontüte wühlen, um die begehrte Süßigkeit zu suchen, die ganz unten vergraben ist und einem das Wasser im Mund zusammenlaufen lässt ... Und auch, als würde man mit der Zunge einem Rest von Schokoladencreme auf dem Teller nachspüren oder dieses kleine Stückchen Mandelgebäck probieren, das einen so in Versuchung führt. Naschen gehört dazu. Man nimmt sich Zeit, miteinander zu reden, über alles und nichts, über sich. Gemeinsam auf das Herrlichste knabbern — all diese kleinen, liebevoll zubereiteten Nschereien ...

Achten Sie auf seine Hände, während er isst ... Wie gepflegt sie sind, die Form der Finger und vor allem ihre Bewegungen, wenn er Ihnen ausführlich von sich erzählt. Die nonverbale Kommunikation gilt als die »verborgene Dimension« in den zwischenmenschlichen Beziehungen. Sie sollten aber nicht vergessen, dass auch Ihr Körper spricht, und was er dabei aussagt, ist oft stärker als alle Worte!

Zu den Kartoffelpuffern empfehle ich einen guten Medoc. Dieser Wein erinnert an das Ende der Welt zwischen der Gironde und dem Ozean. Marguerite Duras, die so schön von der Liebe sprach, hat ganz in der Nähe einen Film gedreht ...

Einen kleinen Happen essen, zu zweit, weil man Lust darauf hat. Die Franzosen nennen das »bouffer«, und dieses lange Zeit negativ besetzte Wort — es bedeutet »gierig hineinschlingen« — ist heute Teil der Umgangssprache. Trotzdem: Auch wenn nichts dagegen spricht, dass Sie manchmal etwas runterschlingen oder richtig reinhauen, sollten Sie beim Abendessen unter Verliebten die Kunst des Genießens vorziehen ... und sich etwas Gutes gönnen!

Selbst wenn Sie es bevorzugen, mit den Fingern zu essen: Kennen Sie die Geschichte der Gabel?
Eingeführt wurde sie von der Königin Katharina von Medici, denn bis zur Mitte des 17. Jahrhunderts aß man mit den Fingern. Im Mittelalter war die Gabel ein kostbarer Gegenstand mit zwei Zinken und einem oft aus Kristallglas, Elfenbein oder Hartgestein gefertigten Griff. Mit ihr konnte man elegant Fleischstücke aufspießen und vermied, sich zu bekleckern. Erst gegen Ende des 18. Jahrhunderts wurde die Gabel neben den Teller gelegt.
Das Messer gibt es schon seit vorgeschichtlicher Zeit, und interessanterweise ist seine Spitze mit dem Aufkommen der Gabel ein wenig runder geworden. Sollte man da nicht einen Einfluss des Weiblichen auf das Männliche sehen?

Minigemüsekuchen mit Parmesan

Für 2 Liebende
Vorbereitung: 15 Minuten
Garzeit: 20 Minuten

Zutaten
10 Kirschtomaten
2 Eier
100 ml Milch
100 g Sahne
30 g Mehl
50 g Parmesan, frisch gerieben
Salz
Pfeffer aus der Mühle
10 g Butter für die Förmchen
6 Basilikumblätter

❀ Den Backofen auf 180 °C vorheizen.
❀ Die Kirschtomaten waschen und halbieren.
❀ Die Eier mit der Milch und der Sahne in einer Schüssel verquirlen.
❀ Das Mehl und 30 Gramm Parmesan dazugeben. Salzen und pfeffern.
❀ Die Tomaten mit der runden Seite nach oben auf zwei kleine, leicht eingebutterte Förmchen verteilen. Mit der Eiermischung bedecken und im Backofen 20 Minuten garen.
❀ Die kleinen Küchlein mit dem restlichen Parmesan bestreuen, mit den Basilikumblättern garnieren und servieren.

Zu diesem Gericht können Sie eine Sauce aus durchpassierten Tomaten servieren. Mit ein paar Kugeln Zuckermelone serviert, wird diese Gaumenschmeichelei noch sanfter ...

Kartoffelpuffer mit Pfifferlingen

Für 2 Liebende
Vorbereitung: 15 Minuten
Garzeit: 30 Minuten

Zutaten
300 g frische Pfifferlinge
250 g Kartoffeln
2 EL Crème fraîche

2 Eier
4 Knoblauchzehen, gehackt
2 EL gehackte Petersilie
Salz und Pfeffer aus der Mühle
1 EL Sonnenblumenöl
40 g Butter
2 sehr dünne Scheiben
   Räucherbrust

✿ Die Pfifferlinge gründlich putzen.

✿ Die Kartoffeln schälen und auf einer groben Reibe raffeln. Im Wasser von Stärke befreien und in einem Tuch abtrocknen.

✿ Die Kartoffeln mit der Crème fraîche und den aufgeschlagenen Eiern vermengen. 2 gehackte Knoblauchzehen und 1 Esslöffel gehackte Petersilie dazugeben. Salzen und pfeffern.

✿ 2 Kartoffelpuffer von etwa 10 Zentimeter Durchmesser und 1 Zentimeter Dicke formen. Das Öl mit 10 Gramm Butter in einer kleinen Pfanne erhitzen. Die Kartoffelpuffer darin auf jeder Seite 2–3 Minuten bei starker Hitze anbraten und dann bei reduzierter Hitze auf jeder Seite 10 Minuten weiterbraten.

✿ Inzwischen in einer anderen Pfanne die Pfifferlinge mit der verbliebenen Butter bei starker Hitze 10–15 Minuten sautieren. Die restlichen gehackten Knoblauchzehen und die übrige Petersilie zugeben, nochmals 3 Minuten garen, heiß halten.

✿ In einer Pfanne mit Antihaftbeschichtung die Räucherbrust 2 Minuten bei mittlerer Hitze trocken anbraten.

✿ Die Kartoffelpuffer mit den heißen Pilzen bedecken und mit den gerösteten Räucherbrustscheiben garniert servieren.

Diese Art Kartoffelpuffer ist eine Spezialität der Ardèche-Region. Man genießt sie bevorzugt im Herbst am Kaminfeuer oder, warum auch nicht, nach dem Liebesakt.

Paprika-Rotbarben ganz verrückt

Für 2 Liebende
Vorbereitung: 10 Minuten
Garzeit: 20 Minuten

Zutaten
2 rote Paprikaschoten
2 EL Olivenöl
Salz und Pfeffer aus der Mühle

1 Weizentortilla
4 Rotbarbenfilets (frisch oder
   tiefgefroren)
6 schwarze Oliven
4 TL Olivenpaste (Tapenade)
1 TL gehacktes Basilikum
Saft von ½ Zitrone

✿ Die Paprikaschoten von den Samen und Scheidewänden befreien, waschen und vierteln. Im Dampfgarer 5 Minuten dämpfen. Kurz unter fließendem kaltem Wasser kühlen und die Haut abziehen. (Sie können sie auch im Ganzen unter dem Backofengrill rösten und dann häuten und vierteln.)

✿ Das Olivenöl in einer Pfanne erhitzen und die Paprikaviertel darin 10 Minuten bei mittlerer Hitze schmoren, dabei gelegentlich umrühren. Salzen, pfeffern und beiseitestellen.

✿ Das Öl in der Pfanne belassen.

✿ Den Backofengrill vorheizen.

✿ Die Tortilla vierteln. Die Tortillaviertel im Öl in der Pfanne auf jeder Seite 2 Minuten anbräunen.

✿ Die Rotbarbenfilets mit der Hautseite nach oben in eine feuerfeste Form legen. Salzen, pfeffern und 5 Minuten im Backofen grillen.

✿ Die Oliven in kleine Stücke schneiden.

✿ Die Tortillaviertel mit einer feinen Schicht Olivenpaste bestreichen. Auf jedes Stück 1 Paprikaviertel und 1 Fischfilet legen. Mit dem gehackten Basilikum bestreuen und mit Zitronensaft beträufeln. Mit 1 weiteren Paprikaviertel bedecken. Eine Drehung aus der Pfeffermühle, dann kommen die Olivenstückchen darüber.

✿ Mit den Fingern genießen.

Dieses Gericht ist verführerisch und wird alle Liebhaber eines nicht den guten Sitten entsprechenden Mahls entzücken – vor allem wenn einer die Finger des anderen ableckt!

Mundgerechte zitronige Häppchen

Für 2 Liebende
Vorbereitung: 20 Minuten
(+ 1 Stunde zum Ruhen)
Garzeit: einige Minuten

Zutaten
Für die Sauce:
2 Becher (à 150 g) Joghurt
2 EL gehackte frische Minze
1/2 eingelegte Zitrone (aus dem
   arabischen Lebensmittelgeschäft)
Salz und rosa Pfeffer

Für die Häppchen:
60 g Semmelbrösel
1 EL Milch
2 Hühnerbrustfilets (300 g)
2 Knoblauchzehen
1 Ei
1 Bund Koriandergrün, gehackt
Schale und Saft von 1/2 unbehandelten
   Zitrone
3 EL Olivenöl
Salz und Pfeffer aus der Mühle

❀ Für die Sauce: Den Joghurt mit der Minze, der fein zerkleinerten eingelegten Zitrone und ein wenig Salz und rosa Pfeffer vermengen. Bis zum Servieren im Kühlschrank aufbewahren.

❀ Die Semmelbrösel 10 Minuten in der Milch einweichen, dann beides gut verrühren.

❀ Die Hühnerbrustfilets klein schneiden. Den Knoblauch schälen, vom Keim befreien und hacken.

❀ Das Ei in eine Schüssel schlagen und den Koriander sowie die gehackte Zitronenschale einarbeiten.

❀ In einer Schüssel das Fleisch, die eingeweichten Semmelbrösel, die Eimischung, den Zitronensaft, den Knoblauch und 1 Esslöffel Olivenöl mit den Händen vermengen. Salzen, pfeffern und 1 Stunde kalt stellen.

❀ Die Mischung aus dem Kühlschrank nehmen. Die Hände mit Wasser benetzen und walnussgroße Bällchen aus der Masse formen.

❀ Das restliche Olivenöl in einer Pfanne erhitzen und die Fleischbällchen darin einige Minuten bei mittlerer Hitze anbräunen, dabei immer wieder wenden.

❀ Heiß oder lauwarm mit der Sauce servieren.

Ein Gericht, das Berührungen und Aromen vermischt … Es wird mit den Händen zubereitet und mit den Fingerspitzen gegessen. Als würde man den Körper des anderen entdecken … Man kann in jedes Bällchen vor dem Braten noch ein hart gekochtes Wachtelei einrollen.

Liebe unterwegs

Warum nicht den Ort wechseln und ins Unbekannte aufbrechen? Man macht sich auf den mit süßen und karamellisierten, pikanten oder kräftigen Kostbarkeiten übersäten Weg und wagt jenen Schritt zur Seite, der mit den Gewohnheiten bricht, aber auch zum Träumen anregt. Warum sich nicht an anderen Orten der Liebe hingeben? An unwahrscheinlichen Orten, um sich daran zu erinnern ... auf einer Skipiste, an einem Strand mit Palmen, im Zug oder, wie Emmanuelle, im Flugzeug!

Die Geschichte des heiligen Valentin geht auf das 3. Jahrhundert n. Chr. zurück, als Kaiser Claudius II., um Soldaten rekrutieren zu können, das Heiraten verbot. Der Priester Valentin schließt trotz des Verbots weiterhin Ehen und wird ins Gefängnis geworfen. Dort verliebt er sich in die Tochter des Gefängniswärters, der er, ehe er enthauptet wird, einen Brief mit der Unterschrift »Dein Valentin« schickt. Dieses Opfer zu Ehren der Liebe bringt ihm die Heiligsprechung ein. So ersetzte der Valentinstag das heidnische Fruchtbarkeitsfest, das Lupercus, dem Gott der Herden, und Juno, der Beschützerin der Frauen und Göttin der Ehe, geweiht war. Eine andere Legende verweist auf die Paarung der Vögel im Frühling, und dabei soll der 14. Februar der Tag sein, der Turteleien begünstigt ...

Die Königin von Saba war eine großartige, für ihre Weisheit und Intelligenz berühmte Frau. Ihre Geschichte ist mit der des Königs Salomon verbunden, der ihr vorschlug, seine Frau zu werden. Sie wies das zurück, weil sie einzig und unvergleichlich bleiben wollte. Nachdem sie mit ihm zusammen ein stark gewürztes Mahl eingenommen hatte, überkam sie nachts ein unwiderstehlicher Durst. Sie wollte ihn am Wasser eines Baches stillen. Salomon, der sie beobachtete, erinnerte sie an seinen Vorschlag. Dann forderte er sie auf, sein Lager mit ihm zu teilen ... und sie stimmte zu.

Zerstäuben Sie ein wenig Orangenblütenessenz ... und küssen Sie ihn auf den Hals! Die Blüte des Orangenbaums erinnert an die Küche des Mittelmeerraums. Man sagt, in der Provence sei sie bei Tisch einst so unerlässlich gewesen wie das Salzfass.

Die Jakobsmuschel war schon in der Antike unter dem Namen Venusmuschel bekannt; sie symbolisiert die Liebe. Sie ziert auch Grabmäler und schützt, wie man sagt, vor Unglück und Krankheit. Im 17. Jahrhundert taucht sie in der Symbolik der Pilgerfahrten auf.

Wo die Qualität eines Gerichtes von der Auswahl der Produkte abhängt und Geschmacks- wie Geruchssinn anregt, da bringt die Präsentation die Augen ins Spiel, unseren Sinn für das Künstlerische, aber auch für die Imagination. So gesehen ist der Teller eine Projektionsfläche für Träume und ein Spiegel, der uns entschleiert.

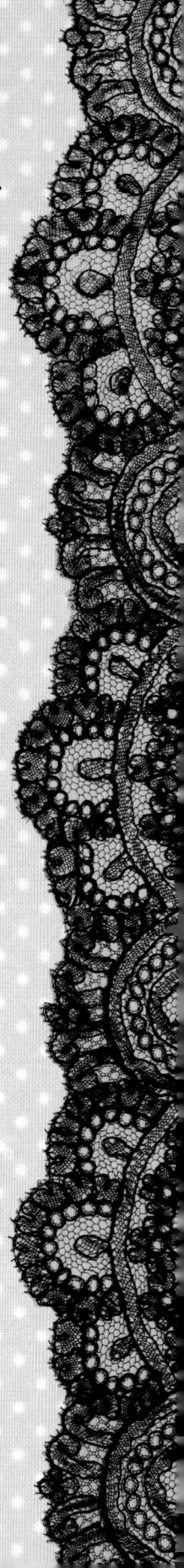

Pastilla »Königin von Saba«

Für 2 Liebende
Vorbereitung: 1 Stunde 20 Minuten
Backzeit: 20 Minuten

Zutaten
2 Hähnchenschenkel (ersatzweise Hähnchenbrüste)
Salz
Pfeffer aus der Mühle
2 EL Olivenöl
2 Zwiebeln
2 TL gemahlener Zimt
    + ein wenig zum Dekorieren
2 TL gemahlener Ingwer
2 Eier
50 g gemahlene Mandeln
2 EL Orangenblütenwasser
40 g Butter
6 Lagen Filoteig (aus dem griechischen Geschäft, ersatzweise Blätterteig)
1 EL extrafeiner Zucker

✿ Die Hähnchenschenkel salzen und pfeffern. In einer Sautierpfanne in dem Olivenöl bei mittlerer Hitze 5 Minuten auf jeder Seite anbraten. Herausnehmen und beiseitestellen.

✿ Die Zwiebeln schälen und klein schneiden. In derselben Pfanne wie das Fleisch zusammen mit je 1 Teelöffel Zimt und Ingwer 5 Minuten bei mittlerer Hitze anschmoren. Die Hähnchenschenkel wieder dazugeben, mit 100–150 Milliliter Wasser aufgießen und zugedeckt 40 Minuten bei schwacher Hitze garen.

✿ Den Backofen auf 210 °C vorheizen.

✿ Die Hähnchenschenkel mit den Zwiebeln aus der Pfanne nehmen (ohne die Pfanne zu säubern) und beiseitestellen. Die Eier in eine Schüssel aufschlagen und verquirlen. In die Hähnchenpfanne geben, 5 Minuten bei schwacher Hitze stocken lassen, dabei ständig rühren, damit eine homogene Mischung entsteht.

• • •

...

- Das Hähnchenfleisch zerpflücken.
- Die gemahlenen Mandeln mit dem restlichen Zimt und Ingwer in eine Schüssel geben, das Orangenblütenwasser hinzufügen und alles gut vermengen.
- Die Butter zergehen lassen. Die Filoteigblätter beidseitig mit der Butter bepinseln (ein wenig Butter zurückbehalten).
- 4 Filoteigblätter (oder 1 Lage Blätterteig) so in eine Backform mit niedrigem Rand legen, dass der Teig über den Rand hinaushängt. Die Mandelmischung einfüllen, mit einer Lage Filoteig bedecken, darauf die verquirlten Eier und anschließend das Fleisch mit den Zwiebeln anrichten. Mit einer weiteren Lage Filoteig abdecken (oder überstehenden Blätterteig über die Füllung schlagen). Die Teigränder gut zusammendrücken.
- Die Pastilla im Backofen 20 Minuten backen.
- Vor dem Servieren mit Zimt und Zucker bestauben. Sofort servieren.

Leicht wie feine Spitze – für den Tanz der sieben Schleier.

Kühlende Erfrischung: grüne Erbsen mit Minze

Für 2 Liebende
Vorbereitung: 30 Minuten
(+ 3 Stunden im Kühlschrank)
Garzeit: 20 Minuten

Zutaten
Für die Anis-Blätterteigröllchen:
1 Rolle Blätterteig
1 EL Olivenöl
1 TL grüne Anissamen (aus dem
    Asia- oder Feinkostladen)

Für die Suppe:
1 kleine Zwiebel
1 EL Olivenöl
500 g grüne Erbsen
    (frisch oder tiefgefroren)
1 Becher (150 g) Joghurt
2 EL frische, fein geschnittene
    Minzeblätter
Salz und Pfeffer aus der Mühle

✿ Den Backofen auf 180 °C vorheizen.

✿ Für die Anis-Blätterteigröllchen: Den Blätterteig ausbreiten und 6 Streifen von etwa 1 Zentimeter Breite abschneiden. Aufrollen und mit Olivenöl bepinseln. Mit dem Anis bestreuen und auf ein mit Backpapier ausgelegtes Backblech legen. Im Ofen 15 Minuten goldgelb backen. Bei Raumtemperatur stehen lassen.

✿ Die Zwiebel schälen und fein hacken.

✿ Das Olivenöl in einer Pfanne erhitzen und die Zwiebel darin 10 Minuten bei schwacher Hitze anschmoren.

✿ Die Erbsen dazugeben und 5 Minuten bei mittlerer Hitze garen. Mit $1/2$ Liter warmem Wasser angießen, salzen, pfeffern und 20 Minuten schwach köcheln lassen.

✿ Die Erbsen gründlich pürieren, den Joghurt zugeben und erneut pürieren. Geschnittene Minze einrühren, salzen und pfeffern. Nochmals pürieren.

✿ Die Suppe 3 Stunden in den Kühlschrank stellen und gut gekühlt zusammen mit den Anisröllchen servieren.

Ein kühler Lufthauch nach einer heißen Nacht ...

Baeckeoffe: Stärkung zum Schwachwerden!

Für 2 Liebende
Vorbereitung: 15 Minuten
(+ 1 Nacht zum Marinieren)
Garzeit: 2 Stunden 30 Minuten

Zutaten
Für die Marinade:
$1/2$ Flasche trockener Weißwein
    (Silvaner)
2 Möhren
1 Zwiebel
2 Knoblauchzehen
5 Thymianzweige
2 Lorbeerblätter

1 EL Olivenöl
Salz
Schwarzer Pfeffer aus der Mühle
250 g mageres Rindfleisch
250 g Lammschulter
250 g Schweineschulter, gründlich von
    Fett befreit

Für die Beilage:
1 kg festkochende Kartoffeln
1 Stange Lauch
250 g Zwiebeln
Salz
Schwarzer Pfeffer aus der Mühle

✿ Am Vorabend die Marinade zubereiten: Den Wein, die geschälten und in Scheibchen geschnittenen Möhren, die geschälte und gehackte Zwiebel sowie Knoblauch, Thymian, Lorbeer, Olivenöl, Salz und Pfeffer in einer großen Schüssel mischen. Alles Fleisch in feine Scheibchen schneiden und in die Marinade legen. Im Kühlschrank über Nacht ziehen lassen.

✿ Am nächsten Tag den Backofen auf 180 °C vorheizen.

✿ Das Fleisch aus der Marinade nehmen und abtropfen lassen. Die Marinade aufbewahren.

✿ Die Kartoffeln schälen und in dünne Scheiben schneiden. Den Lauch waschen und in feine Juliennestreifen schneiden. Die Zwiebeln schälen und klein hacken.

✿ Je $1/3$ der Kartoffeln, der Zwiebeln und des Lauchs auf den Boden einer feuerfesten, hohen Tonform mit Deckel schichten. Darauf die Hälfte des Fleisches legen. Mit einem weiteren Drittel Gemüse bedecken, dann das übrige Fleisch dazugeben. Das verbliebene Gemüse darüber verteilen. Gut salzen und pfeffern, mit der Marinade begießen und die Form mit dem Deckel verschließen.

✿ 1 Stunde im Ofen garen, dann die Temperatur auf 150 °C reduzieren und weitere $1^1/2$ Stunden garen (ab und zu kontrollieren).

✿ Auf heißen Tellern servieren.

Nach der Anstrengung wieder Kräfte gewinnen ... ohne Hemmungen zu vertilgen!

Bouillabaisse mit Jakobsmuscheln

Für 2 Liebende
Vorbereitung: 30 Minuten
Garzeit: 25 Minuten

Zutaten
400 g Nüsschen von Jakobsmuscheln
   (frisch oder tiefgefroren)
2 Kartoffeln
1 großer Fenchel
4 Tomaten
1 Zwiebel

3 Knoblauchzehen
2 EL Olivenöl
1 EL Pastis
2 Döschen Safranpulver oder
   Safranfäden
Salz
Pfeffer aus der Mühle
1/2 Baguette
1 EL glatte Petersilie, gehackt
1 kleiner Topf fertige Knoblauchmayonnaise (Rouille)

- ✿ Das Muschelfleisch sorgfältig waschen und auf Küchenpapier abtropfen lassen.
- ✿ Die Kartoffeln schälen und 15 Minuten in Salzwasser kochen. Warm stellen.
- ✿ Den Fenchel putzen und in sehr kleine Stücke schneiden.
- ✿ Wasser in einem Topf zum Sieden bringen und die Tomaten darin 30 Sekunden blanchieren. Abschrecken, häuten, entkernen und in kleine Würfel schneiden.
- ✿ Die Zwiebel schälen und klein schneiden. 2 Knoblauchzehen schälen, vom Keim befreien und mit einem Messer zerdrücken.
- ✿ Zwiebel und Knoblauch in einer Pfanne oder einem kleinen Topf in dem Olivenöl 5 Minuten bei schwacher Hitze anschmoren (sie sollen keine Farbe annehmen).
- ✿ Tomaten, Fenchel, Pastis und 1 Döschen Safranpulver zugeben. Salzen, pfeffern und 20 Minuten zugedeckt bei mittlerer Hitze garen, dabei gelegentlich umrühren.
- ✿ Das Muschelfleisch zu dem Gemüse geben und alles mit Wasser bedecken. Leicht aufkochen lassen und ohne Deckel 5 Minuten schwach köcheln lassen.
- ✿ In der Zwischenzeit das Stangenbrot in dünne Scheiben schneiden und im Toaster oder Ofen anrösten. Mit 1 Knoblauchzehe abreiben.
- ✿ Abschließend das zweite Döschen Safranpulver und die Petersilie hinzugeben, gut vermengen.
- ✿ Die Bouillabaisse zusammen mit den in dünne Scheiben geschnittenen Kartoffeln, der Knoblauchmayonnaise und den getoasteten Brotscheiben servieren.

Magisch wie die sinnliche Feuchte des Midi ...

Vom süßen Eros naschen …

Eros wird am Tag der Geburt der Aphrodite empfangen. Sein Vater Poros, der Gott des Reichtums und der Fülle, schläft im Rausch ein. Eros' Mutter, die Göttin der Armut, nutzt den Schlaf des Poros aus und legt sich zu ihm. Demnach wird der kleine Eros durch Überrumpelung empfangen und ist die Frucht von Überschuss und Mangel, die in ihm schwingen und sich gegenseitig ergänzen. Er ist zugleich Bettler und Suchender, unruhig und leidenschaftlich, erneuernd und befruchtend, bewegend und antreibend. Er erfindet und erschafft immerfort Neues.

»Zwischen Birne und Käse ...« Dieses Dazwischen, so günstig für Vertraulichkeiten, spielt auf die Birne an, die in der Gastronomie der Vergangenheit eine herausragende Stellung besaß – als Symbol der Süße und des Teilens. Die Birne, erfrischend und verdauungsfördernd, war willkommen, ehe man den in der Sonne trocknenden Käse anschnitt.

Die Brüste gehören zu Ihren wichtigsten Vorzügen. Sie sind eine empfindsame erogene Zone. Der Pfirsich ist ein Symbol der Weiblichkeit, wovon der »Téton de Vénus« (»Venusbusen«) zeugt, eine sehr alte, weißfleischige Pfirsichsorte – äußerst süß und saftig. Und die »Pfirsichhaut« ist sanft und samtig. Milchreis mit seinem Kindheitsduft löst die Zungen: Lassen Sie das Kind in Ihnen zum Vorschein kommen ...

Zu den Geheimnissen der Paarbeziehung gehört es, sich den Sinn für Spiel und Lachen zu bewahren und sich weiterhin gemeinsam über alles und nichts zu amüsieren. Das trägt zu jener Leichtigkeit bei, die das Leben zu zweit vereinfacht und in Fluss hält.

Nach der Liebe verlangt Ihr Körper nach Ruhe. Das Begehren hat sich für einen Moment verflüchtigt – nehmen Sie ihn in die Arme, fordern Sie ihn auf, die Augen zu schließen ... Sie lassen sich von den Wellen des Schlafs wiegen – er ist ganz nah ... und sie werden von Träumen überwältigt, als würden sie am Ufer des Meeres schaukeln.

In der Bibel ist häufig von der Feige die Rede, insbesondere in der Schöpfungsgeschichte, wo Adam und Eva ihre Blöße mit einem Feigenblatt bedecken. Auf dem Markt findet man Feigen in drei Sorten: die grüne, saftig und mit glatter Haut, die violette, saftig und aromatisch, die schwarze, süßer und kleiner. Und alles Metaphern für das weibliche Geschlecht ...

Ein wenig Zuckerwerk als Abschluss des Mahls? Zweifellos dürften so einige gern vom Naschen reden ... Nugat kommt da genau richtig! Diese Mischung aus Honig, Mandeln und Eiweiß gehört in der Provence zu den dreizehn Weihnachtsdesserts. Im Altertum gab man noch Gewürze dazu.

Heiße Schokoladentarte mit Tonka

Für 2 Liebende
Vorbereitung: 20 Minuten
(+ 1 Stunde Teigruhe)
Backzeit: 20 Minuten

Zutaten
Für den Teig:
100 g Mehl
30 g Puderzucker
50 g Butter

1 Prise Cayennepfeffer
Salz

Für die Füllung:
100 g Bitterschokolade
100 g Sahne
1 Prise geriebene Tonkabohne
    (in guten Feinkostläden erhältlich)
1 Prise Cayennepfeffer

- ❀ Für den Teig: Das Mehl mit dem Zucker, der Butter, dem Cayennepfeffer und 1 Prise Salz in einer Schüssel vermengen. Den Teig leicht anfeuchten und eine Kugel daraus formen. Mit einem Tuch bedecken und 1 Stunde bei Raumtemperatur ruhen lassen.
- ❀ Den Backofen auf 210 °C vorheizen.
- ❀ Den Teig in einer Kuchenform verteilen und im Ofen 20 Minuten backen.
- ❀ Den Teig aus dem Ofen nehmen und abkühlen lassen.
- ❀ Für die Füllung: Die Schokolade raspeln und in eine große Schüssel geben.
- ❀ Die Sahne aufkochen lassen und über die Schokolade gießen. 1 Minute zudecken, dann vermengen.
- ❀ Die geriebene Tonkabohne und den Cayennepfeffer unterrühren. Den Tarteboden mit der Füllung überziehen und vor dem Servieren abkühlen lassen.

Tonkabohne und Cayennepfeffer sind auf das Wunderbarste geeignet, »das Feuer zu entfachen« … Auch Vanillemark macht sich hier sehr gut!

Cremiger Milchreis mit gebratenen Feigen

Für 2 Liebende
Vorbereitung: 10 Minuten
Garzeit: 40 Minuten

Zutaten
180 g Rundkornreis
750 ml Vollmilch
$1/2$ Vanilleschote
1 TL gehackte Schale von 1 unbehandelten Orange
75 g Puderzucker
2 Feigen
20 g Butter
   + ein wenig für die Form
2 TL flüssiger Honig
Pfeffer aus der Mühle

❀ Den Reis waschen und abgießen. $1^{1}/_{2}$ Liter Wasser in einem Topf aufkochen lassen und den Reis darin 3 Minuten bei starker Hitze kochen. Abgießen.

❀ Die Milch in einen Kochtopf gießen. Die Vanilleschote längs halbieren und das Mark in die Milch kratzen. Die Orangenschale dazugeben und alles zum Kochen bringen, dabei ständig im Auge behalten. Den Reis hinzugeben und 20–25 Minuten sehr sachte köcheln lassen (der Reis muss die Milch ganz aufgesogen haben und schön cremig sein).

❀ Nun den Zucker vorsichtig einarbeiten und den Reis abkühlen lassen.

❀ Den Backofen auf 150 °C vorheizen.

❀ Die Feigen in eine feuerfeste, gebutterte Form legen.

❀ Jede Feige kreuzweise einschneiden und auf jeden Schnitt 1 Butterflöckchen und 1 Teelöffel Honig geben.

❀ Die Feigen im Backofen zuerst 10–15 Minuten backen und dann 5 Minuten grillen.

❀ Auf jede Feige eine Umdrehung Pfeffer aus der Pfeffermühle streuen, um ihr Schärfe zu verleihen.

❀ Die Feigen zusammen mit dem Orangen-Milchreis servieren.

Wer einmal Geschmack daran gefunden hat, möchte ihn nicht mehr missen!

Kugelrunde Pfirsiche

Für 2 Liebende
Vorbereitung: 15 Minuten
Garzeit: 10–15 Minuten

Zutaten
4 schöne weiße Pfirsiche
150 g Puderzucker
1 Teebeutel Zitronenverbene (oder Minzeverbene)
200 g Erdbeeren
Einige Blätter frische Minze

❀ Wasser in einem großen Topf zum Kochen bringen. Die ganzen, ungeschälten Pfirsiche hineingeben und 30 Sekunden pochieren. Vorsichtig mit dem Schaumlöffel herausheben und rasch in kaltes Wasser tauchen. Abtropfen lassen und sorgfältig häuten – die Haut muss sich im Ganzen abziehen lassen. Beiseitelegen.

❀ Den Zucker in einem Kochtopf mit 400 Milliliter Wasser mischen und aufkochen lassen.

❀ Vom Herd nehmen, den Teebeutel hineingeben und zugedeckt 15 Minuten ziehen lassen.

❀ Den Teebeutel herausnehmen und den Sirup 10–15 Minuten schwach köcheln lassen – er sollte auf die Hälfte reduziert werden.

❀ Die Pfirsiche auf eine Platte mit hohem Rand legen. Mit dem Verbenensirup übergießen, abkühlen lassen.

❀ Die Erdbeeren waschen, entstielen und halbieren. Die Pfirsiche damit umlegen. Mit einigen Minzeblättern garnieren und servieren.

Eine sinnliche, aromatische und schöne Frucht ... Wer sagt denn, dass Rundungen aus der Mode seien? Wenn Sie diesen Nachtisch im Voraus zubereiten, sollten Sie ein wenig von dem Sirup zurückbehalten und die Pfirsiche erst im letzten Moment damit überziehen, sodass sie schön glänzen.

Aprikosen-Liebschaften

Für 2 Liebende
Vorbereitung: 5 Minuten
Garzeit: 15 Minuten

Zutaten
6 schöne vollreife Aprikosen
1 EL Olivenöl
3 TL Puderzucker
6 Schnitten weiches Nugat aus Montélimar
2 Kugeln gutes Vanilleeis
10 g Butter für die Form

❀ Den Backofen auf 180 °C vorheizen.
❀ Die Aprikosen waschen, halbieren und entsteinen.
❀ Die Aprikosenhälften mit der Wölbung nach unten in eine gebutterte, feuerfeste Form legen.
❀ Jeweils 1 Tropfen Olivenöl in die Höhlung der Aprikosenhälften träufeln, mit Puderzucker bestauben. Im Ofen 10 Minuten garen.
❀ Die Form aus dem Backofen nehmen und je 1 Nugatschnitte auf die Vertiefung legen.
❀ Nochmals 5 Minuten im Ofen überbacken.
❀ Die Aprikosen heiß oder lauwarm mit 1 Kugel Vanilleeis servieren.

Um den Gipfel der Lust zu erreichen, am Strand, wenn die Nacht sich herabsenkt ...

Die schönsten Vormittage auf der Welt …

Mit der Hand den anderen ertasten, seine Haut spüren, während er noch schläft, sich vom Duft des heißen Kaffees und des getoasteten Brotes allmählich wecken lassen, in ein knuspriges Baguette beißen, fruchtige Konfitüre aufstreichen, dampfende Milch schlürfen, gemeinsam duschen, sich wieder in frische Laken kuscheln, trödeln, einander anlächeln, Kosenamen flüstern ...

Tauchen Sie den Löffel ungeniert in die Konfitüre, die sich als Süßigkeit genießen lässt ... wenn keiner zusieht – man muss Momente für sich ganz allein bewahren können!

Seit jeher wird die Konfitüre im Kupferbecken zubereitet, was eine bessere Wärmeverteilung gewährleistet. Die Früchte gelieren aufgrund des in ihnen enthaltenen Pektins. Lassen Sie Ihre Konfitüre im Kupferbecken also nicht kalt werden – füllen Sie sie noch heiß in die Gläser, weil die Pektinmoleküle sich sonst möglicherweise an Kupferatome statt aneinander anlagern, was Ihre Konfitüre nicht fest werden ließe.

Ein weiteres Beispiel für eine harmonische Paarung, ganz bestimmt!

In dieser aufregenden Marmelade können die Bitterorangen auf dieselbe Weise wie die Zitronen zubereitet werden ... Abwechslung gibt dem Leben Würze, also keine Zurückhaltung bitte!

Der erste Morgen besiegelt oft den weiteren Verlauf der Ereignisse ... Wenn Sie Lust haben, Ihren Kaffee draußen zu trinken, ist das ein Zeichen. Und wenn dieser Moment für Sie einen Hauch von Ewigkeit besitzt, dann ist alles erlaubt. Dieses Croissant wird unvergesslich bleiben ...

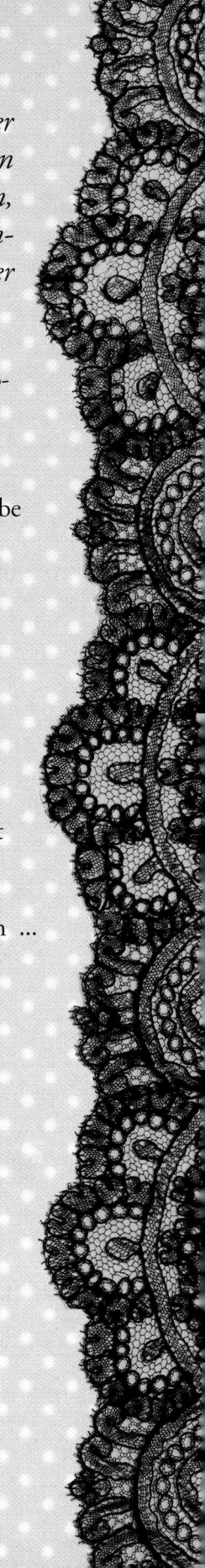

Konfitüre »Hübscher Bengel«

Für 4 Gläser
Zubereitung: 15 Minuten
Garzeit: 25 Minuten
(+ 30 Minuten Abtropfen + 1 Nacht zum Ziehen)

Zutaten
500 g Himbeeren
400 g Zucker
Saft von 1 Zitrone
8 Sternanis

✿ Am Vortag: Die Himbeeren ganz kurz waschen, 30 Minuten abtropfen lassen. In einer Schüssel mit dem Zucker und dem Zitronensaft vermischen und über Nacht an einem kühlen Ort ziehen lassen.

✿ Am nächsten Tag: Die Himbeeren in ein Kupferbecken oder einen Kochtopf mit schwerem Boden geben. Bei mittlerer Hitze zum Kochen bringen, die Hitze reduzieren und die Früchte 20 Minuten köcheln lassen.

✿ Den Sternanis hinzugeben und weitere 5 Minuten kochen.

✿ In der Zwischenzeit die Gläser mit kochendem Wasser sterilisieren. Mit der Öffnung nach unten auf einem sauberen Tuch trocknen lassen.

✿ Die heiße Konfitüre auf die Gläser verteilen, dabei jeweils 2 Sternanis in jedes Glas geben. Die Konfitüre abkühlen lassen und mit einer Schicht vorher erhitzten Paraffins (das Paraffin muss dicht am Glasrand anliegen und die Konfitüre hermetisch versiegeln) oder mit spezieller Klarsichtfolie für Konfitüre abdecken.

Konfitüre »Nana«

Für 5–6 Gläser
Zubereitung: 15 Minuten
(+ 1 Nacht Ruhe)
Garzeit: 20–25 Minuten

Zutaten
1 kg Äpfel (am besten Reinetten)
Saft und abgeriebene Schale von 1 unbehandelten Zitrone
Saft und abgeriebene Schale von 1 unbehandelten Orange oder
    von 2 Clementinen (nach Saison)
150 ml guter Apfelsaft
700 g Zucker
5 Gewürznelken, zerstoßen
2 EL gemahlener Zimt
1 Vanilleschote

- ✿ Am Vortag: Die Äpfel schälen und in dünne Scheiben schneiden.
- ✿ Die Äpfel mit dem Saft und den geriebenen Schalen der Zitrusfrüchte, dem Apfelsaft, dem Zucker und den Gewürzen in ein Kupferbecken oder einen Kochtopf mit schwerem Boden geben.
- ✿ Die der Länge nach halbierte und in 3 Stücke geschnittene Vanilleschote hinzugeben. Gut vermengen und alles unter ständigem Rühren zum Kochen bringen. Vom Herd nehmen, sobald die Mischung zu kochen beginnt. Abkühlen lassen und über Nacht kühl stellen.
- ✿ Am nächsten Tag: Die Apfelmischung bei mittlerer Hitze erwärmen und 20–25 Minuten schwach köcheln lassen.
- ✿ In der Zwischenzeit die Konfitüregläser mit kochendem Wasser sterilisieren. Mit der Öffnung nach unten auf einem sauberen Tuch trocknen lassen.
- ✿ Die heiße Konfitüre auf die Gläser verteilen. Abkühlen lassen und mit einer Schicht vorher erhitzten Paraffins (das Paraffin muss dicht am Glasrand anliegen und die Konfitüre hermetisch versiegeln) oder mit spezieller Klarsichtfolie für Konfitüre abdecken.

Pikante Marmelade

Für 5–6 Gläser
Zubereitung: 30 Minuten
(+ 2 Tage zum Einweichen)
Garzeit: 30 Minuten

Zutaten
1 kg unbehandelte Zitronen
2 EL frischer Ingwer
800 g Zucker

- ❀ Am ersten Tag: Die Zitronen sorgfältig waschen und 24 Stunden in einer großen Schüssel mit kaltem Wasser einweichen.
- ❀ Am zweiten Tag: Die Zitronen abgießen und in einen Kochtopf mit Wasser geben. Zum Kochen bringen und 20 Minuten köcheln lassen. Abgießen und weitere 24 Stunden in einer Schüssel mit kaltem Wasser einweichen.
- ❀ Am dritten Tag: Die Zitronen abgießen. 6 schöne Scheiben zum Garnieren abschneiden und beiseitelegen.
- ❀ Die Zitronen (Fruchtfleisch und Schale) in sehr kleine Stücke schneiden.
- ❀ Den Ingwer schälen und klein hacken.
- ❀ Die Zitronenstücke in ein Kupferbecken oder einen Kochtopf mit schwerem Boden geben, Zucker und Ingwer hinzufügen und gut vermengen. Die Mischung aufkochen lassen und unter häufigem, bis auf den Boden reichendem Umrühren 30 Minuten bei mittlerer Hitze garen (sie darf ganz leicht köcheln).
- ❀ In der Zwischenzeit die Gläser mit kochendem Wasser sterilisieren. Mit der Öffnung nach unten auf einem sauberen Tuch trocknen lassen.
- ❀ Die heiße Marmelade auf die Gläser verteilen und abkühlen lassen. Jeweils eine Zitronenscheibe auflegen und mit einer Schicht vorher erhitzten Paraffins (das Paraffin muss dicht am Glasrand anliegen und die Marmelade hermetisch versiegeln) oder mit spezieller Klarsichtfolie abdecken.

Konfitüre »Sommerversprechen«

Für 6–8 Gläser
Zubereitung: 15 Minuten
(+ 1 Nacht zum Ziehen + 5–6 Stunden Kühlzeit)
Garzeit: 30 Minuten

Zutaten
1 kg vollreife Aprikosen
100 g Mandelblättchen
100 g naturbelassene Pistazien, grob gehackt
2 Kardamomsamen
800 g Zucker

✿ Am Vorabend: Die Aprikosen waschen, halbieren und entsteinen und zusammen mit dem Zucker in eine Schüssel geben. Gut vermengen und über Nacht an einem kühlen Ort ziehen lassen.

✿ Am nächsten Tag: Die Frucht-Zucker-Mischung in ein Kupferbecken oder einen Kochtopf mit schwerem Boden geben. Bei mittlerer Hitze aufkochen lassen, vom Herd nehmen und abkühlen lassen. Die Aprikosen 5–6 Stunden an einen kühlen Ort stellen.

✿ Den Backofen auf 120 °C vorheizen. Die Mandeln und Pistazien darin trocknen (die Feuchtigkeit soll verdampfen, ohne dass die Früchte gegrillt werden – im Auge behalten).

✿ Die Aprikosen mit dem Kardamom im Kupferbecken oder Kochtopf 20 Minuten bei mittlerer Hitze kochen; dabei ständig umrühren, damit nichts ansetzt.

✿ Mandeln und Pistazien einarbeiten. Gut vermengen und weitere 5 Minuten ganz schwach köcheln lassen.

✿ In der Zwischenzeit die Konfitüregläser mit kochendem Wasser sterilisieren. Mit der Öffnung nach unten auf einem sauberen Tuch trocknen lassen.

✿ Die heiße Konfitüre auf die Gläser verteilen. Die Konfitüre abkühlen lassen und mit einer Schicht vorher erhitzten Paraffins (das Paraffin muss dicht am Glasrand anliegen und die Konfitüre hermetisch versiegeln) oder mit spezieller Klarsichtfolie für Konfitüre abdecken.

Konfitüre »Prinzessin«

Für 6–8 Gläser
Zubereitung: 15 Minuten
(+ 1 Nacht zum Ziehen)
Garzeit: 30 Minuten

Zutaten
1 kg Renekloden
800 g Zucker
Saft von $1/2$ Zitrone
2 EL frischer, klein geschnittener Ingwer

✿ Am Vorabend: Die Renekloden waschen, halbieren und entsteinen.
✿ Zusammen mit dem Zucker und dem Zitronensaft in eine Schüssel geben und gut vermengen.
✿ Die Nacht über an einem kühlen Ort ziehen lassen.
✿ Am nächsten Tag: Die Früchte in ein Kupferbecken oder einen Kochtopf mit schwerem Boden geben, mit einem Holzlöffel umrühren. Zum Kochen bringen und 25 Minuten bei mittlerer Hitze garen (die Konfitüre muss schwach köcheln).
✿ Den Ingwer hinzufügen und weitere 5 Minuten kochen.
✿ In der Zwischenzeit die Konfitüregläser mit kochendem Wasser sterilisieren. Mit der Öffnung nach unten auf einem sauberen Tuch trocknen lassen.
✿ Die heiße Konfitüre auf die Gläser verteilen. Die Konfitüre abkühlen lassen und mit einer Schicht vorher erhitzten Paraffins (das Paraffin muss dicht am Glasrand anliegen und die Konfitüre hermetisch versiegeln) oder mit spezieller Klarsichtfolie für Konfitüre abdecken.

Konfitüre »Wenn er mich in die Arme nimmt ...«

Für 6–8 Gläser
Zubereitung: 15 Minuten
(+ 2 Stunden zum Ziehen + 6 Stunden Ruhezeit)
Garzeit: 30 Minuten

Zutaten
1 kg vollreife weiße Pfirsiche
14–16 Pfefferminzeblätter
800 g Zucker

✿ Die Pfirsiche häuten, entsteinen und in Stücke schneiden.
✿ Das Fruchtfleisch mit dem Zucker in eine Schüssel geben und gut vermengen.
✿ 2 Stunden an einem kühlen Ort ziehen lassen.
✿ Anschließend die Frucht-Zucker-Mischung in ein Kupferbecken oder einen Koch-topf mit schwerem Boden füllen, mit einem Holzlöffel umrühren und bei mittlerer Hitze zum Kochen bringen. Vom Herd nehmen. Abkühlen lassen und 5–6 Stunden kalt stellen.
✿ Die Konfitüre erneut 25 Minuten schwach köcheln lassen. Die Pfefferminzeblätter hinzugeben und weitere 5 Minuten kochen.
✿ In der Zwischenzeit die Konfitüregläser mit kochendem Wasser sterilisieren. Mit der Öffnung nach unten auf einem sauberen Tuch trocknen lassen.
✿ Die heiße Konfitüre auf die Gläser verteilen; die Pfefferminzeblätter bleiben in der transparenten Masse sichtbar (achten Sie darauf, die Blätter gleichmäßig auf die Gläser zu verteilen).
✿ Die Konfitüre abkühlen lassen und mit einer Schicht vorher erhitzten Paraffins (das Paraffin muss dicht am Glasrand anliegen und die Konfitüre hermetisch versiegeln) oder mit spezieller Klarsichtfolie für Konfitüre abdecken.

Cocktails schüren die Glut

Um einen Cocktail nach allen Regeln der Kunst zuzubereiten, benötigt man drei Grundzutaten: Basisalkoholika (Gin, Wodka, Rum ...), Aroma (Likör, Sirup ...) und Körper (Fruchtsäfte, Wermut, Portwein ...). **In der Gesamtheit ist es wie mit der Liebe: eine kluge Mischung, die sich fortwährend erneuert.**

Abgesehen davon ist der Cocktail auch der perfekte Begleiter für den Flirt. Dieser englische Ausdruck hat das einst aus Frankreich stammende Kokettieren ersetzt: sich damit vergnügen, dem anderen zu schmeicheln oder selbst Schmeicheleien zu empfangen und sich an den unterschiedlichsten Orten der Liebe hinzugeben! Also, kokettieren Sie, während Sie einen Cocktail trinken, **und alles wird möglich ...**

Feuriger Wein

Ergibt etwa 1,5 Liter
Zubereitung: 10 Minuten (+ 8 Tage zum Ziehen + 3 Wochen Ruhezeit)
Garzeit: 5 Minuten

Zutaten
500 g Himbeeren
1 Liter alter Bordeaux (ein Medoc eignet sich gut)
1 Vanilleschote
700 g Zucker
50 ml Himbeergeist

✿ Einen Krug mit 1,5 Liter Fassungsvermögen gründlich reinigen und gut abtrocknen.
✿ Die Himbeeren in den Krug geben und den Wein darübergießen. Dicht verschließen und an einem kühlen Ort, vor Licht geschützt, ziehen lassen.
✿ Wein und Himbeeren in einen Kochtopf füllen und die der Länge nach halbierte Vanilleschote mit dem herausgeschabten Mark hinzugeben. Sanft zum Kochen bringen.
✿ Den Zucker gut unterrühren und weitere 5 Minuten schwach köcheln lassen. Den Himbeergeist dazugießen und umrühren.
✿ Wieder in den Krug füllen, dicht verschließen und mindestens 3 Wochen vor Licht geschützt ruhen lassen.

Gekühlt als Aperitif trinken – und einander tief in die Augen blicken.

Blue Tango

Für 2 Schelmische

Zutaten
40 ml Curaçao
Gut gekühlter trockener Champagner
2 Weintrauben

✿ Den Curaçao auf zwei Sektgläser verteilen, mit Champagner auffüllen.
✿ In jedes Glas 1 Traube legen.

Bei Einbruch der Nacht, am Ufer des Meeres, zwischen zwei Tangos zu trinken …

umba

Für 2 Schelmische

Zutaten
80 ml brauner Rum
40 ml Zitronensaft
40 ml Passionsfruchtsirup
Ananasnektar
20 ml Blue Curaçao
4 Eiswürfel

❀ Je 2 Eiswürfel in zwei große Gläser geben.
❀ Rum, Zitronensaft und Sirup darübergießen.
❀ Umrühren und mit dem Ananasnektar auffüllen.
❀ Den Blue Curaçao vorsichtig dazugießen – er darf sich nicht mit dem Rest mischen.

Diese Rumba dürfte Ihnen zu Kopf steigen!

pfelchen

Für 2 Schelmische

Zutaten
40 ml Apfelsaft
20 ml Calvados
Gut gekühlter trockener Champagner
2 kleine Apfelscheiben (mit Schale)

❀ Zuerst den Apfelsaft und dann den Calvados auf zwei elegante Sektgläser verteilen.
❀ Vorsichtig den Champagner dazugießen.
❀ Die Apfelscheiben auf den Boden der Gläser gleiten lassen.

So können Sie vom Apfel knabbern, nachdem Sie den Cocktail genossen haben …

Erfrischung nach der Liebe

Für 2 Schelmische

Zutaten
4 Blätter frische Minze
40 ml grüner Minzlikör
Saft von 1 Limette
Kohlensäurehaltiges Mineralwasser
2 Scheiben von 1 unbehandelten Limette

✿ Die Minzeblätter hacken und in zwei große Longdrinkgläser geben.
✿ Likör und Limettensaft dazugießen.
✿ Mit Mineralwasser auffüllen.
✿ Den Rand der Gläser mit je 1 Limettenscheibe dekorieren.

Trinken Sie jedes Glas gemeinsam mit demselben Strohhalm. So bekommt der Cocktail den Geschmack des anderen!

Sommernacht

Ergibt etwa 2 Liter
Vorbereitung: 15 Minuten
(+ 3–4 Stunden zum Ziehen)

Zutaten
250 g Kirschen
1 Pfirsich

1 Orange
Saft von 1 Zitrone
20 ml Kirschlikör
1 EL Puderzucker
$1/2$ Zimtstange
1 Flasche Roséwein
1 Flasche gut gekühlter Champagner

✿ Die Kirschen waschen, entstielen und entsteinen. Den Pfirsich häuten und in Scheiben schneiden.
✿ Die Orange schälen und vierteln.
✿ Die Früchte mit dem Zitronensaft, dem Likör, dem Zucker und der Zimtstange in eine Bowlenschüssel geben. Mit dem Rosé übergießen und 3–4 Stunden im Kühlschrank ziehen lassen.
✿ Unmittelbar vor dem Servieren den gut gekühlten Champagner hinzugeben.

Hängen Sie auf den Rand eines jeden Glases ein zusammenhängendes Kirschenpärchen.

Verrückte Nacht

Für 2 Schelmische

Zutaten
20 ml guter Orangenlikör
Saft von 1 Orange
Saft von 1 Limette
Gut gekühlter Champagner »brut«

❀ Den Orangenlikör in einem Shaker mit dem Orangensaft und dem Limettensaft vermischen. In edle Sektflöten gießen und mit Champagner auffüllen.

In Schlückchen trinken – zwischen zwei Dummheiten ...

Nacht unter Kokospalmen

Für 2 Schelmische

Zutaten
1 Vanilleschote
2 Tassen heißer Kaffee bester Qualität
20 ml brauner Rum
2 TL Zuckerrohrsirup

❀ Die der Länge nach halbierte Vanilleschote 2 Minuten im heißen Kaffee ziehen lassen, herausnehmen.
❀ Rum und Zuckerrohrsirup dazugeben und alles vorsichtig vermischen.

Sie können jede Tasse zusätzlich mit einem Häubchen gezuckerter Schlagsahne krönen ...

Danksagung

Die Liebe zu den Meinen hat mich angeregt, dieses Buch zu schreiben.

Für Jip, meinen Mann – ich habe gelernt, die Küche mit ihm zu teilen (was ich nie für möglich gehalten hätte!).

Für meine Eltern, die mir jene Freiheit, die Wagnisse möglich macht, mitgegeben haben.

Für meine Kinder. Clément und Édouard haben mich so vieles gelehrt – ich bewundere ihre Freude an gut gemachter Arbeit und ihren Sinn für Pflicht.

Und für die Liebe zu meinem Beruf, in dem ich ständig ein offenes Ohr für die geheimsten und anrührendsten Freuden und Leiden all jener Frauen, Männer und Paare habe, die mir im Laufe der Jahre ihr Vertrauen geschenkt haben.

Ein großes Dankeschön an Barbara, die an dieses Projekt geglaubt hat; an Aurélie, die mir auf kompetente, freundliche und standhafte Weise unschätzbare Anleitung gab; an Béatrice mit ihrem raffinierten Geschmack; an Natacha, der es gelungen ist, die ganze Sinnlichkeit meiner Küche umzusetzen, und an Valéry für seinen Blick des erfahrenen Mannes.

Kleine Notizen für Gourmets und Liebhaber

Aus dem Französischen übersetzt
von Helmut Reuter
Redaktion: Anja Ashauer-Schupp
Satz und Umschlaggestaltung:
Carmen Marchwinski
Korrektur: Dr. Michael Schenkel

Copyright © 2008 der deutschsprachigen
Ausgabe by Christian Verlag, München
www.christian-verlag.de

Die Originalausgabe mit dem Titel Carnet
de recettes pour deux d'une femme amoureuse
wurde erstmals 2006 im Verlag Éditions
Mango, Paris, veröffentlicht.

Copyright © 2006 by Éditions Mango

Fotos: Valéry Guedes
Foodstyling: Natacha Arnoult
Layout und Design: Béatrice Patrat
Litho: Turquoise
Druck und Bindung:
SNP Leefung Printers Limited
Printed in China

Alle deutschsprachigen Rechte vorbehalten.

ISBN 978-3-88472-775-1

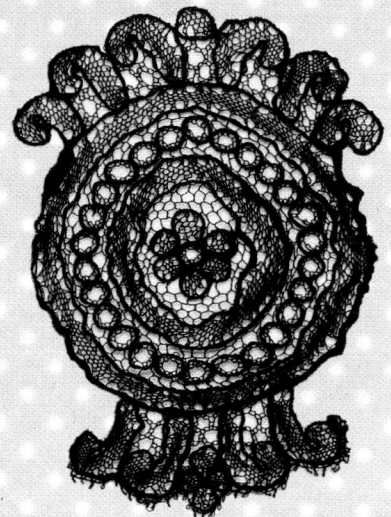